O livro de Carolina

Copyright © Rosa Busnello, 2021
Rosa Busnello, 1ª reimpressão, 2023

Edição e design gráfico
Clô Barcellos

Fotos de Rosa Busnello
Marco Nedeff

Fotos de Carolina e Machado de Assis
www.commons.wikimedia.org/wiki/category:Machado_de_Assis.

Revisão
Célio Lamb Klein

Administração
Andrea Dimitri Ruivo

Dados Internacionais de Catalogação na Publicação
Daiane Schramm – CRB 10/1881

B979l   Busnello, Rosa
          O livro de Carolina. A improvável história de Carolina Machado de Assis. / Rosa Busnello. – Porto Alegre: Libretos, 2021. 1ª reimp., 2023.
          232p.; 16cm x 23cm.
          ISBN 978-65-86264-37-1
          1. Literatura brasileira. 2. Romance histórico. I. Título.

                                                      CDD 869.3

Esta obra segue o Acordo Ortográfico da Língua Portuguesa de 1990, utilizado no Brasil desde 2009, com exceção da transcrição de correspondências e jornais da época.

Rosa Busnello

O livro de Carolina

A improvável biografia de Carolina Machado de Assis

Porto Alegre, 2023
1ª reimpressão

Todos os direitos da edição reservados à Libretos Editora.
Autorizada a reprodução parcial, para fins de estudo, pesquisa e reportagens, desde que citada a fonte.

Rua Peri Machado, 222, B, 707
90130-130 – Porto Alegre – RS
Brasil

libretos@libretos.com.br
www.libretos.com.br

Para Joaquim

Sumário

Nota da autora
9

Prólogo
13

Capítulo 1 – *A família*
15

Capítulo 2 – *As travessias*
29

Capítulo 3 – *Rio de Janeiro*
63

Capítulo 4 – *Um brasileiro especial*
70

Capítulo 5 – *Brasileiros e imigrantes*
97

Capítulo 6 – *Os noivos*
115

Capítulo 7 – *Os primeiros tempos*
123

Capítulo 8 – *Mudanças*
136

Capítulo 9 – *Nova Friburgo*
149

Capítulo 10 – *A fama*
161

Capítulo 11 – *A República*
177

Capítulo 12 – *Novos tempos*
185

Capítulo 13 – *Óbitos*
192

Capítulo 14 – *A Academia*
199

Capítulo 15 – *Olhos de ressaca*
207

Capítulo 16 – *A dor*
212

Capítulo 17 – *O fim*
216

Final
223

Bibliografia
229

Nota da autora

A portuguesa Carolina Augusta de Novaes Machado de Assis viveu por mais de trinta anos no Brasil. Foi uma mulher reconhecidamente culta, inteligente e discreta, e foi casada com Machado de Assis.

Que eu saiba, Carolina não teve biógrafos. Tampouco posso dizer que eu o seja. Apesar de respeitar dados referentes à filiação, endereços, testemunhos e relatos, sou uma romancista. Gosto de pessoas que viveram nesse mundo, deixando-nos pistas para compor histórias, e Carolina foi perfeita para este fim. Pouco se sabe de sua vida em Portugal, e por isso coloco minha versão como uma biografia improvável. Em grande parte dos detalhes, não há como comprová-la.

As pistas deixadas por Carolina no Porto foram poucas. Os dados históricos acerca de seus pais e irmãos foram meu ponto de partida para compor o cenário português da família. Eles guiam sua vinda ao Brasil, a fim de cuidar de Faustino, o irmão doente. Esta foi a versão oficial para que ela emigrasse.

A vinda de Carolina para o Rio de Janeiro permanece cercada de mistérios, com vagas alusões de contemporâneos, como Arthur Napoleão, a um provável escândalo amoroso em Porto, Portugal. Por isso, imagino que ela não tenha feito a travessia até o Rio de Janeiro sem uma companhia feminina.

Seria escandaloso uma moça solteira viajar sozinha com um artista, e por isso providenciei-lhe a companhia de Ana. Existe alguma disparidade de opiniões quanto ao ano de chegada ao Brasil. Segui a cronologia da Academia Brasileira de Letras (ABL), que a situa em junho de 1866. Segundo Godin da Fonseca, ela e Machado se conheceram nesse mesmo ano, embora outras cronologias situem o encontro em 1868.

No Brasil, a vida dessa mulher intrigante também foi marcada pela discrição, apesar de contarmos com várias histórias. Estas abrangem o namoro com Machado – de início malvisto pelos irmãos Novais –, os relatos de amigas e vizinhas, e seus trinta e cinco anos de companheirismo no casamento. Ana, a narradora, é um personagem totalmente fictício.

A família de Carolina teve o sobrenome Novaes modernizado para a grafia Novais a partir do século XIX. Ela sempre usou a grafia antiga, enquanto que seus irmãos, Faustino e Miguel, assinavam com *i*. Mantive a diferença por uma questão de opinião dos interessados. Parece-me que cada qual escolheu o que lhe pareceu melhor.

Como não poderia deixar de ser, a partir de certo ponto a narrativa dos anos de Carolina mistura-se à vida de Machado de Assis. A partir daí, as informações acerca do casal existem em maior quantidade, embora haja disparidade em relação ao temperamento de Carolina. Para alguns, ela era uma portuguesa alegre e faladora. Para outros, como sua vizinha Francisca Basto Cordeiro, tratava-se de uma mulher extremamente discreta, que falava baixo e quase nunca sorria.

A extensa correspondência entre Carolina e Machado era guardada em um móvel do quarto do casal, e foi queimada pelas vizinhas e amigas de nossa protagonista, seguindo sua vontade. Há poucos anos, foram encontradas apenas duas cartas de Machado para ela, ainda do tempo de namoro, e estas mostram um homem apaixonado. As cartas e reflexões de Carolina que aqui aparecem são todas fictícias. As de Machado são todas verdadeiras, e formam parte do acervo público da ABL.

Sobre Machado: minha ideia foi biografar Carolina, mas também é verdade que cheguei até ela por ter sido a mulher muito culta de Machado de Assis. Assim, vi-o a partir dos olhos dela; uma portuguesa razoavelmente bem-nascida, apaixonada por um pardo brasileiro. Um intelectual focado em ascender socialmente através de seu trabalho; como funcionário público, poeta, jornalista, tradutor, contista, teatrólogo, cronista e romancista. Julgo que o que Machado pensava sobre seus contemporâneos, ou sobre a época na qual estava vivendo, é perfeitamente observado na ironia com que nos apresenta personagens e eventos da corte, em contos, crônicas e romances.

O irmão de Carolina, Faustino Xavier de Novais, nos deixou mais elementos para pesquisa. Sua trajetória como autor, sua extensa correspondência com Camilo Castelo Branco e outros, além de sua revista *O Futuro*, mapeiam seus anos brasileiros até o final, quando falece em Laranjeiras, cuidado por ela. As cartas do outro irmão, Miguel de Novais, a Machado e publicadas na Coleção Afrânio Peixoto da ABL, foram um auxílio precioso. Estavam entre os papéis e livros que Laura, sobrinha-neta e herdeira do casal, doou à Academia. Mantive as correções entre colchetes inseridas no texto pelas curadoras do acervo, pois Miguel escrevia quase sem pontuação e com palavras pela metade. Já o seu testamento, publicado por um jornal de Lisboa, deu-me a pista para o relacionamento distante e difícil que havia entre as irmãs Novais.

Carolina pouco ou nada deixou sobre si mesma. Fotos com um olhar sério. Relatos de sobrinhas, vizinhas e amigas. Lamentos de Machado, em cartas escritas após perdê-la, e no tocante poema *À Carolina*.

Isso é tudo. O resto é ficção.

Prólogo

Quando eu era criança e os adultos pensavam que não entendia nada do que eles falavam, ouvi mamãe dizer a vovó:
– Não o deixo porque a vida para uma mulher sem marido é um inferno.
Minha avó reagiu, sussurrando furiosa. Elas então se enfrentaram, sibilantes, dizendo coisas uma à outra, até que se calaram.
Além disso, não me lembro de mais nada. Tento, mas lembro-me apenas do gato e do braseiro de louça que aquecia a sala. Era uma tarde de inverno, pois também me lembro de minhas luvas sem dedos, as mitenes. Achava esta palavra muito engraçada. Mitenes. Minhas falanges e unhas estavam no final das luvas, desabrigadas. Minhas pequenas mãos estavam cobertas de lã cinza. Mamãe, vovó ou Adelaide haviam tecido minhas mitenes.
Tínhamos um gato preguiçoso que andava sempre atrás de mim. Éramos unidos desde sempre; ele viera para nossa casa logo após meu nascimento. Pois quando mamãe falou, olhamo-nos gravemente. Havíamos entendido que, se não fosse pelo detalhe do inferno da vida de uma mulher sem marido, mamãe já teria ido embora. Ou que mamãe queria ir embora.

Faísca – o nome lhe fora dado por seu sono junto ao fogo da cozinha ou ao braseiro da sala – ainda sustentou meu olhar durante algum tempo.

– Por quê? – perguntei-lhe.

Ele demorou a responder-me, daquela vez. E, quando o fez, não me ajudou em nada.

– Porque ela gostaria de estar em outro lugar.

– Sim, eu sei, mas por quê? – insisti, não me dando por satisfeita com aquela resposta.

– Longe deve ser melhor do que aqui.

Longe onde? Longe quanto?

Os livros nascem assim. De frases ouvidas enquanto observamos nossos dedos saindo de mitenes. De medos escondidos. De gatos que conversam com crianças.

Vou pedir que Ana o leia.

Capítulo 1

A família

Primeiro, apresento-me. Sou Ana de Souza Fontes. Nasci na cidade do Porto, em Portugal, na mesma época em que Carolina veio ao mundo. Crescemos na Rua de Santa Catarina. Acompanhávamos as mulheres mais velhas ao mercado, com seus cheiros e gritos (do mercado, é claro, não delas). Íamos à Missa e ao Terço na Capela das Almas. Juntas, fizemos o Catecismo, a Primeira Eucaristia e a Crisma. E emprestávamos uma à outra os preciosos livros que nos caíam nas mãos.

Quando mocinhas, imaginávamos ser diferentes das mulheres tristes e amargas que nos rodeavam. Naqueles anos, Jane Austen, Mary Shelley e sua mãe falecida, Mary Wollstonecraft, eram as poucas autoras a publicar sem pseudônimos masculinos. Mary primeiro publicou anonimamente, é verdade, mas por fim assinou sua obra. As irmãs Brontë inicialmente usavam os chamados *nom de plume*: Charlotte era Currer Bell, e Emily assinava como Ellis Bell.

E, além delas, o mais interessante de todos: George Elliot era o pseudônimo de Mary Ann Evans. Lembro-me do quanto Carolina e eu ficamos surpresas, ao descobrir esse fato. Mary Ann era George; ou, melhor dizendo, George era Mary Ann. Que vida maravilhosa devia ser a dela, vivendo de sua escrita...

Por que escrevo sobre Carolina?

Porque nós duas, por certo tempo, sonhamos ser como as autoras inglesas que líamos, ainda que publicassem sob o pseudônimo de um homem.

E porque, já que ela própria não escreveu seu livro, eu o escrevo por ela.

Pois bem. Iniciemos.

Carolina Augusta Xavier de Novaes, a filha mais nova de D. Custódia Emília e de Seu Antônio Luís, veio ao mundo em Porto, Portugal, em uma madrugada gelada de fevereiro de 1835. Do lado de fora do quarto, o pai aguardava o desfecho do parto, temendo tanto pela vida da criança prematura quanto pela da mãe exausta. Algumas vizinhas (dentre as quais estava minha mãe, Eulália) estavam dentro do aposento.

Carolina, no entanto, nasceu bem. Um tanto miúda, como já se esperava, mas com pulmões fortes o bastante para reconhecerem ali uma menina tenaz, com as chances de sobrevivência confirmadas nos meses que se seguiram. A mãe sobreviveu à hemorragia, embora tenha levado longos meses para sair do quarto. Carolina foi posta em uma caixa perto do fogo, e seu pequeno corpo foi todo enrolado em algodão, para que o calor se mantivesse.

Assim se passaram seus primeiros meses.

Faustino, o primogênito, tocava flauta ao lado do bercinho, encantado com a seriedade do olhar da bebê. Miguel, o seguinte em idade, desenhava as pequenas mãos como treino para a Escola de Belas Artes, que pretendia seguir logo. Adelaide, a mais velha das filhas, ajudava a avó a trocar cueiros e toucas, embrulhando a bebê em mantas tecidas ao longo da gestação materna. A avó, de tempos em tempos, fervia alecrim na água e andava com a panela fumegante pelas salas e quartos, expulsando os espíritos da melancolia.

"Eu poderia ter morrido no parto e teria sido melhor", pensava Custódia durante seu resguardo. Mas não morrera. Às vezes ela repetia essa frase em voz baixa, e quem a escutava respondia-lhe que era pecado falar assim. Minha mãe contou-me.

Agora, o pai. Antônio Luís era ourives e joalheiro, na Freguesia de Santo Ildefonso; local de gente trabalhadora, principalmente do comércio. Ali funcionava o pequeno negócio do pai de Carolina, na Rua de Santa Catarina. A família residia nos dois andares acima da loja.

Antônio Luís era moreno, de estatura mediana e mais gordo do que magro. Olhos escuros e sobrancelhas fartas davam-lhe um olhar incisivo. O lábio superior levemente protuberante era disfarçado pelo bigode bem aparado, ainda que um tantinho mais longo do que o trivial. Ele gostava do movimento da Santa Catarina, com fregueses indo e vindo, com carruagens e elétricos passando (aqui no Brasil, são chamados de bondes), e com a profusão de livros, luvas e miudezas expostas nas vitrines, caprichosamente arrumadas. Ele frequentava o café vizinho, conversando sobre literatura, política, e as novidades da corte.

Era uma vida boa, certamente.

Mas Antônio esperava que seus filhos tivessem mais prestígio, como os Novais de antigamente. Utilizava as duas grafias do nome de família – com *e* e com *i* – alternadamente, pois nunca se decidia dentre ambas. Os filhos, mais tarde, usaram preferencialmente o *i*, mais moderno. Carolina assinava com o *e*.

Antônio orgulhava-se da história de Pedro, o primeiro Novaes (nascido espanhol) a se dizer português. Pedro fora nomeado por Sancho II como Alcaide-mor de Cerveira, na fronteira com a Galícia, recebendo um castelo mouro que dominava os arredores, com sua ampla vista de muitos quilômetros. Ali se iniciara a dinastia portuguesa dos Novaes.

Em seus sonhos despertos, Antônio Luís imaginava cada tapeçaria nas paredes, a grande cozinha, e as lareiras enormes aquecendo as peças. Considerando-se um fidalgo medieval perdido no século XIX, de início organizava excursões da então pequena família até as ruínas do que um dia fora a glória de seu herói. Dizia a Custódia que o castelo fora perdido, mas que as pedras ainda existiam, e que a História preservava o nome de sua família.

O primeiro filho homem de seu casamento com Custódia – a qual ele acreditava vir de uma família tão antiga e fidalga quanto a sua – dera-lhe a certeza de que retomaria para os Novaes alguma posição social. Faustino carregou em seus pequenos ombros todo aquele desejo paterno.

⚜

D. Custódia era calada. Nem feia nem bonita, recebera sua cota de beleza nos olhos claros, com cílios negros e longos que funcionavam quase como cortinas, quando desejava se esconder. Filha única de pais idosos, fora educada. Em um país que prezava moças ignorantes, na maior parte analfabetas, ela era uma exceção. Lia filosofia e poesia em francês, e escrevia poemas em um português corretíssimo, embora os escondesse.

Arranjar uma aliança com um rapaz que não se importasse com uma esposa instruída e melancólica fora uma tarefa difícil, uma vez que sua beleza e graciosidade também eram insuficientes. Um pretendente inadequado aparecera, mas fora apenas o estímulo para que seus pais se decidissem a traçar um plano que a levasse ao casamento.

Assim, aos vinte e dois anos, Custódia acompanhara os pais em uma viagem à cidade do Porto, hospedando-se na casa de uma tia-avó. A tia escrevera à mãe de Custódia sobre Antônio Luís, o filho do joalheiro. Os pais consideraram que um encontro para averiguações poderia se mostrar promissor. A filha, mantendo-se calada, simplesmente esperava pelos desdobramentos de sua vida, a partir daquela viagem.

Os Novais eram vizinhos da tia-avó. Eram distintos e instruídos. Não eram ricos, mas negociantes respeitados, e membros queridos da Freguesia de Santo Ildefonso. Costumavam dar saraus com declamação de poesias e execução de peças musicais, bem ao gosto daquele Portugal burguês e trabalhador que aprendia a refinar-se. O conhecimento de línguas era bom para o negócio, por isso falavam francês e inglês. Além disso, a família tinha certa fama de gente excêntrica, de artistas. Este poderia ser um ponto a favor, pois uma moça instruída não estaria deslocada naquele meio.

Custódia fora apresentada àquelas que seriam sua sogra e cunhada na semana da chegada ao Porto. Discreta, acompanhava a tia-avó e a mãe na reza do Terço pelas Almas Aflitas na igreja de Santo Ildefonso; ocasião na qual moças e senhoras de bem saíam de casa desacompanhadas, com o véu, o missal e o terço nas mãos. Depois da reza havia conversas em voz baixa, à porta da igreja, e as últimas notícias eram então comentadas entre amigas e conhecidas.

Na semana seguinte à chegada da família, um sarau na casa dos Novais permitiu que Antônio conhecesse a moça na qual sua mãe e irmã estavam interessadas. Foi considerado entre eles tratar-se da filha de um notário aposentado; uma família respeitável de Braga. Tinha uma idade ainda adequada e, a despeito de ser calada demais, os olhos claros possuíam alguma beleza.

A aproximação deu certo. O objetivo de casar a menina culta foi alcançado, dezoito meses após aquele sarau dos Novais.

A família do noivo nunca deixou de achar que Antônio Luís se casara com uma moça muito estranha, dada a silêncios longos e pesados, cujos olhos por vezes vagavam sem descanso pelo ambiente. Ele também achava isso, mas não se casara com ela para conversar. Simplesmente cumpria a etapa da vida que lhe pedia uma família.

Com o tempo, ficou evidente que D. Custódia sofria do que chamam de melancolia, e não havia nada a fazer além de aceitá-la como era, concluíram todos.

A descendência do casal estabilizou-se em seis filhos: Faustino, Miguel Joaquim, Henrique, Adelaide, Emília Cândida e Carolina Augusta. O mais velho e a mais nova tinham quinze anos de diferença, mas cedo demonstraram uma ligação especial. À medida que crescia, Carolina foi sendo educada por Adelaide para saber conduzir uma casa, mas foi estimulada intelectualmente por Faustino, que a alfabetizou tão cedo quanto a mãe deles um dia fora.

No projeto paterno, as meninas fariam casamentos com homens de renda. Talvez médicos ou advogados, ou comerciantes mais ricos do que ele próprio. Os filhos trabalhariam com ele e aumentariam o negócio. A família seria respeitada, convidada para saraus, jantares e teatros, sendo igualmente anfitriã da nata da sociedade do Porto e de Lisboa. Esta última seria a cidade onde abririam uma filial de *Novais e Filhos, Joalheria e Relojoaria*. E seriam joalheiros da corte, é claro.

O imponderável, no entanto, logo se mostrou. Faustino não aceitou seguir a profissão do pai. Nem ourives nem joalheiro, mas poeta e jornalista. E pobre. Com o tempo, tornou-se um crítico tão aberto da sociedade do Porto que virou *persona non grata*. Seu pai perdeu clientes e amigos, em lugar de ganhar encomendas.

E isso foi somente o início do infortúnio de Antônio Luís.

Ando triste. As brigas em nossa casa pioram a cada dia. Papai grita tanto que seu rosto vermelho fica prestes a explodir. Sinto vergonha dos vizinhos.

Mamãe não tem saído do quarto. Ontem, Faustino foi até lá e passou muito tempo fechado com ela. Não sei sobre o que falaram, pois não se ouvia nada. Nenhum movimento ou ciciar.

Depois Faustino saiu, arrumou algumas roupas e livros, e despediu-se de nós. Adelaide, Emília e eu. Miguel estava na escola, pintando alguma maçã, e Henrique toma conta da loja, enquanto papai está em Lisboa. Ele viajou ontem.

Faustino foi embora de casa. Não sei para qual casa, quarto ou cidade.

Talvez as brigas diminuam, agora. Talvez papai não fique mais tão irascível. Talvez mamãe se levante do leito por algumas horas.

Talvez. Talvez.

A Vespa

Homens loucos! desgraçados,
Que em liberdade falais!
Viveis todos enganados;
Livre sou eu – ninguém mais!
Por todo o mundo girando
Me vereis sempre, voando,
Pica-aqui, pica-acolá;
Enquanto que algum ingrato,
Com a sola do sapato,
Crua morte me não dá!
(...)
Hei de ferrar-te, leitor!
Mas suspende o teu juízo!
Que me entendas é preciso;
Sou Vespa – não ferrador – !

Faustino de Novais,
A vespa do Parnaso, 1854

Minha mãe contava que, no início do casamento, D. Custódia ainda não chegara ao ponto em que estava depois de alguns anos, quando os filhos mais novos a conheceram. Nos primeiros tempos, ela ia à igreja. Conversava com vizinhas e parentes, embora mais ouvisse do que falasse. Como qualquer dona de casa, ia ao boticário, ao armarinho, à modista e ao teatro com o marido, assistindo a óperas ou peças de companhias portuguesas e estrangeiras. Ainda o acompanhava a alguns saraus e jantares, mas seu isolamento e prostração seguidamente levavam-na ao leito. Principalmente quando estava grávida; o que era frequente.

Com o decorrer dos anos, tudo piorou. Aqui pensando, imagino que ela não suportava Seu Antônio. As mãos. O bigode que roçava seu pescoço, nas noites em que ele a procurava. As histórias de fidalguia da família, que na verdade era tão burguesa quanto qualquer outra da vizinhança. Sua urgência em fazer-lhe filhos barulhentos, exigindo-lhe atenção e tirando-a de seus pensamentos.

Eu soube, pelas conversas sussurradas das mulheres mais velhas, que, quando Carolina nasceu prematura, o médico avisou ao marido de que ali terminava a carreira da esposa fértil. Custódia não devia ter mais filhos, e isso dependia dele.

"Aleluia", imagino que ela tenha pensado. Acho que só por isso ela amou a pequena Carolina, que se tornou sua filha abertamente preferida.

Os irmãos aprenderam a crescer sozinhos. Contavam uns com os outros. Juntos, resolviam suas questões de estudo, de roupas que já não serviam e que necessitavam de substituições, e dividiam brincadeiras e doenças.

A avó, mãe de D. Custódia, vivera seus últimos anos com eles, mas falecera quando éramos pequenas. A mãe de

Seu Antônio Luís só aparecia de tempos em tempos, preferindo levar a vida pacata em Guimaraens, para onde se mudara na viuvez.

Adelaide, por ser a filha mais velha, encarregava-se de ir ao boticário, ao armarinho e ao mercado. Era a dona da casa. As duas criadas passaram a reportar-se a ela, e nunca mais à D. Custódia. O silêncio de Adelaide era nervoso, alerta, diferente do da mãe.

Emília era palpitante. Cantava com uma voz adorável e pintava aquarelas aguadas demais, em minha opinião. Entretanto, não foi à toa ter sido ela a primeira filha (e a única, até Carolina casar-se no Brasil) a ter um pretendente. Seus talentos eram os adequados.

O silêncio de Carolina era reflexivo. Lendo inglês fluentemente, amadurecera pelas mãos de personagens das irmãs Brontë, de George Elliot e de Jane Austen. As moças, naqueles romances, aprendiam a bordar e a pintar aquarelas, enquanto esperavam pelo casamento, mas podíamos chegar à sua vontade pela mão das autoras. E essa mão nem sempre nos dizia que casar-se sabendo fazer de tudo para enfeitar uma casa ou para agradar a um marido fosse tão interessante assim. Os *talentos* femininos eram finamente ironizados em várias obras de Austen.

Como suas heroínas inglesas, Carolina gostava de ler e de escrever. Fazia isso em português, francês e inglês, e, nos intervalos, tricotava, costurava suas roupas e tecia tapetes. Já eram *talentos* de sobra, em sua opinião, embora fossem considerados como *os de subalternas*: as governantas e criadas de quarto. Que fossem. Não lhe importava nem um pouco. Seu talento era ler e escrever, embora não fosse admirado.

Com o tempo, passou a sonhar com uma carreira literária. Qual seria o seu pseudônimo? João Antônio de Moraes. Pedro Camargo de Oliveira. Antes, tivera a fase dos nomes ingleses: George Wright. Adam Evans. John D. Crescent.

Um dia, no entanto, ao conhecer aquele que mudaria o curso de sua vida, levando-a a buscar o exílio voluntário no Brasil, Carolina desejou arrumar uma casa e pensar em um cardápio. Desejou que ele fosse o pai de seus filhos, com todos sentados em uma sala enfeitada por ela.

Não foi assim. Dali em diante seus talentos restringir-se-iam a ser o melhor que pudesse, e o mais discretamente possível. O escândalo chegara até ela.

Antes de Carolina nascer, quando Faustino completou doze anos, seu pai resolveu que chegara sua hora de fazer parte do negócio. Atenderia aos clientes menos importantes e se sentaria na bancada de ourives. No início, gravaria nomes em alianças e medalhas, e aprenderia a executar pequenos consertos. Com o tempo, aprenderia tudo. Era o filho mais velho, e a vida era assim.

Faustino, entretanto, escrevia poemas quando não havia clientes. Quando havia, esquecia-se de mostrar-lhes os pequenos mimos – pulseiras, medalhas de santos e berloques – que faziam entrar o dinheirinho constante que os sustentava. E esquecia porque queria livrar-se deles. À noite, esperava que todos se recolhessem para então sair, ganhando a Ribeira e suas tavernas, em passos largos e rápidos. Os companheiros de copo e de pena já o esperavam, e muitas vezes Miguel o seguia.

Sim, Faustino era um boêmio desde os doze ou treze anos, e um poeta desde os oito – muito antes de Carolina nascer, portanto. As manhãs encontravam-no exausto. O pai mais de uma vez buscara um chicote, batendo em suas pernas para acordá-lo. Ele descia e entrava na joalheria, com os olhos baixos e o queixo travado de raiva. Logo tudo isso acabaria, pensava.

E assim foi. Em um almoço de domingo, quando a criada trazia o bacalhau depois de retirar a sopeira, Faustino avisou a todos – mas principalmente ao pai – que passaria a trabalhar no Banco Mercantil Portuense a partir do dia seguinte. Não trabalharia mais na joalheria.

Assim, este foi o primeiro golpe desferido por um filho em Seu Antônio Luís. A raiva passou a lhe queimar o estômago, dali para a frente.

O banco foi um emprego logo deixado de lado. Na sequência, Faustino ganharia a vida trabalhando em jornais, até tornar-se quase tão conhecido no Porto e em Lisboa quanto Camilo Castelo Branco, seu melhor amigo. Nos anos que se seguiram, escrevia talentosos poemas e críticas, assinando com seu nome. Escrevia sátiras também com talento, mas assinava-as com pseudônimos.

Entretanto, de pouco adiantava a providência do anonimato. Todos sabiam que Padre Caetano, Saturno, Língua Danada, J. G., Pantaleão Pantarra, José Valverde, Coruja e Junnot, para citarmos os mais conhecidos, eram pseudônimos de Faustino Xavier de Novais. O poeta, filho do joalheiro da Rua de Santa Catarina. Irmão daquele pintor que abrira o primeiro estúdio de daguerreótipos do Porto, na Rua do Bonjardim. Toda cidade sabia disso – quiçá o país. Até o rei visitara o estúdio!

Em 1858, ao cruzar o Atlântico rumo ao Brasil, Faustino Xavier de Novais levou para longe a ideia de unidade da família. Nunca mais eles seriam os mesmos. Ele tampouco. O sonho de Seu Antônio Luís acabava ali.

Porto, 15 de julho de 1858.
Meu amado irmão,

Espero que a travessia tenha sido fácil e tranquila para ti e Ermelinda. Esta carta seguiu no vapor seguinte ao teu, e por isso imagino que a recebas logo após teu desembarque no Rio de Janeiro.

Sinto-me até agora preocupada com teu olhar, ao nos despedirmos. Era medo de não voltar a ver-nos? Era tristeza, pela longa discussão final com papai? Era pena por deixar nossa mãe? Era receio de arrependimento?

Peço-te, por favor, que me respondas sinceramente. E não te preocupes com indiscrições, pois manterei meu silêncio habitual.

Por aqui, tudo segue bem. Hoje o pároco visitará mamãe, ainda acamada pelo resfriado, e lhe trará a comunhão. Papai segue rabugento com todos, e também tem tossido à noite. Adelaide, a megera de sempre. Miguel teve uma boa encomenda de daguerreótipos para uma companhia de teatro. Ele parece sentir tua falta. Eu também a sinto, mas realmente quero o melhor para ti. E, quando puder, far-te-ei uma visita.

Beijo-te com carinho e rezo por tua paz e sucesso. Aguardo tua resposta e notícias brasileiras.

Com amor,
Carolina.

Ao ver Faustino levantar o chapéu em despedida, Carolina soube que um dia faria o mesmo. Ela viveria no Brasil.

Com o passar dos anos, quando líamos as notícias e cartas que chegavam do Rio de Janeiro, reservávamos uma parte para nossa própria satisfação. Por exemplo: se falavam do calor, imaginávamos a luz dourada nas tardes. Imaginávamos o que vestir: um vestido de tecido leve ou um *robe de chambre*, reservado para tardes em que não houvesse a possibilidade de visitas.

Nada do calor úmido e fétido que conheceríamos depois, nas ruas centrais do Rio de Janeiro. E nada da infelicidade crescente de Faustino, alquebrado pela doença mental. Ele foi muito infeliz no Brasil. Muito.

Anos após, na travessia do oceano que nos levava ao Rio de Janeiro, Carolina pensava naquele irmão inteligente, culto, valente e triste, e na vida que parecia estar lhe chegando ao final, embora ainda fosse relativamente jovem.

Em Portugal, diziam que ele havia partido por materialismo, para se tornar um *brasileiro*, como os que iam e faziam fortuna, depois retornando em visitas ostentatórias. Mas este não era o caso de Faustino, e ela sabia bem disso. Ele se fora de Portugal porque nada estaria certo, caso permanecesse.

Assim como Carolina e como eu própria. Às vezes as coisas são dessa forma, e isso é tudo.

Capítulo 2

As travessias

Rio de Janeiro, 7 de agosto de 1858.

Meu Caro Camilo

Deves ter recebido uma carta minha que te enviei pelo paquete passado, na qual dizia muito ao amigo, que se interessa deveras por mim, e pouco ao homem de letras, ávido de conhecimentos de todo o gênero.

Ninguém aí descreve o Rio de Janeiro e, na verdade, é uma terra indescritível. A civilização aqui, encontra-se apenas nas damas que, na maior parte, se entregam ao estudo das línguas, da história, da geografia, do desenho e da música. Entre os homens, é notável o que sabe alguma coisa!!

Vestem-se todos pessimamente, e não existe aqui — como já te disse — o tipo que nós aí designamos pelo epíteto de janota.

O homem de letras e o negro escravo, não se distinguem falando! Ambos eles dizem: "Vamos todos dois no Teatro: representa-se o Fayel, quero ver ele, e ninguém me chamará de tolo por assim falar a respeito"!

Olha se entendes essa linguagem! E o mais notável é que os literatos, mesmo os de algum mérito, escrevem como falam.

A literatura resume-se no Gonçalves Dias, como poeta, e no Dr. Alencar, como jornalista e escritor dramático.

Além destes há mais dois, poetas estimados aqui. É um Magalhães, autor de um poema — A Confederação dos Tamoios — e um Dr. Macedo que há pouco publicou a — Nebulosa — poema que não custa muito a ler. Os teatros são detestáveis! Além do João Caetano, em São Pedro, e do da Graça, no Ginásio, os mais são nulidades comparadas com os nossos Amaros, que seriam aqui Talmas.

Apesar disto, os mais nojentos, mais insuportáveis, recebem grandes ovações, e são admirados não só pelo povo, mas até por suas capacidades literárias! Tu, se aqui viesses, morrias de tédio! Isso é bom para mim, que tive a ventura de agradar a esta gente, e considero isto como uma mina, que vim explorar, rindo-me (sozinho) das ovações que me fazem, e que nada me lisonjeiam, porque tenho a sensatez necessária para conhecer-me, e avaliar os meus admiradores — na maior parte — ainda que haja entre eles algumas exceções.

Entre os negociantes portugueses encontram-se alguns ilustrados, tornando-se notável um a quem vim recomendado, e que se chama Antônio Ferreira Brandão. É um homem de grande inteligência, tem muita leitura e muito critério, e gasta anualmente alguns centos de mil-réis em livros. É um dos maiores admiradores que tens e possui tudo quanto tens publicado. Assinou duzentos exemplares do meu livro, e pediu-me prospectos para mandar para as províncias onde tem muitas relações.

Não creias, meu Camilo, pela pintura que te fiz desta Corte, que estou desanimado: estou satisfeitíssimo, e que as minhas esperanças aumentam sempre, porque tive a fortuna de cair em graça, e nada me falta aqui. Tenho tudo, incluindo dinheiro, que se empresta e se dá aqui com uma franqueza admirável! A minha assinatura cresce diariamente, e não sei se passarei pelo desgosto de tirar segunda edição, enquanto as Poesias do Mendes Leal dormem nas estantes dos livreiros!!!! Estou remendando aquele célebre Acontecimento Horroroso que irá à cena, bem ou mal, contanto que me dê interesse.

O A. Gama seringou-me por causa do burro que aparece em cena; não desprezo a sua crítica, tirei o burro, mas porei em seu lugar quatro ou seis, para choverem as palmas e os bravos.

Principia hoje a publicar-se nos jornais um anúncio que diz: Poesias de F. X. de Novais — Vendem-se na Rua do Ouvidor — n.o ... alguns exemplares da 2.a edição a 3.000 rs. Cada comprador receberá — grátis — o retrato do autor, habilmente litografado, e em ponto grande etc.

Isto é o que diz o anúncio (pouco mais ou menos) é verdade.

Anuí à proposta para empurrar melhor os 790 volumes que trouxe, e receberei de cada um 2.000 rs. E mais uma terça parte do produto dos retratos. O retrato não se parece muito, nem é preciso, visto que tem o meu nome por baixo: o que se pretende é que afluam os compradores; apesar de ser um pouco tarde, porque já está muito visto o original, creio que irão os setecentos livros.

Esquecia-me de dizer-te alguma coisa do jornalismo daqui.

Há quatro jornais importantes (pelo tamanho) que são — Jornal do Comércio — Correio Mercantil — Diário do Rio — e Correio da Tarde.

Além destes há umas — Marmotas — uns — Tiranos — e uma chusma de jornais pequenos, que se cansam para serem mais pulhas que os grandes, mas só o podem ser relativamente a interesses — quanto a merecimento estão a par. Aí vão duas amostras:

(...)

Avalia por aqui, mas acredita que se publicam as coisas mais porcas e obscenas — tudo quanto se pague.

Meu Camilo, tinha muito que contar-te, mas tenho a tratar contigo negócios sérios; vamos a eles e não repares se eu der preferência àquilo que de mais perto me interessar. Escreveste o juízo crítico prometido? Como vai o livro? Tenho um palpite que não estará aqui no tempo prefixo. Eu não escrevo hoje ao Sebastião, mas peço-te que lhe fales, e tomes isso como coisa tua. Se, por desgraça, chegar ainda a tempo do meu aviso, recomendo-te que no meu juízo crítico sejas o mais jocoso possível, porque daí podem resultar bons interesses; mas eu desejo mais que ele já esteja impresso, porque toda a demora é prejudicial.

Agora, o melhor. Pretendo que escrevas já um romance de trezentas páginas, de propósito para aqui.

Condições: deve ser impresso pelo Sebastião, em papel igual, ou pouco inferior ao do meu livro; se no assunto que escolheres, cair a talho de foice o falar do Brasil, fala do patriotismo dos portugueses aqui estabelecidos, e que têm enriquecido pelo trabalho — lícito — dá um pouco de sebo no Império que os acolhe, e nem um triste pio a respeito de escravatura; mas isso não é urgente, e é só necessário quando tenhas de falar do Brasil.

O que é urgente, urgentíssimo, é que o romance seja jocoso, e, se puder ser, chulo, que é o gosto dominante do país. O teu nome é aqui bastante conhecido, mas devia sê-lo muito mais. Os ilustrados apreciam-te, o povo pouco te conhece! Isto lisonjeia o espírito, mas aflige a bolsa, e a glória sem dinheiro é fumo; não te parece?

Se fizeres um romance que agrade a todos, poderás no futuro ganhar aqui muito dinheiro, e eu muito mais — à tua custa. Franco sou eu.

Vamos ao caso.

O romance não deve ser publicado, antes, nos jornais; quero para mim a propriedade, e conta que ainda que não tenha extração de desejo, por ser o primeiro, tu receberás muito mais do que te dariam aí, e eu lucraria ainda mais ou menos.

Faze-lhe o preço como quiseres. Se não agradar quanto eu quero, pagarei pontualmente; se agradar, muito elevarei ainda a paga.

Será bonito?

O que preciso é que dês azeite na tua máquina de fazer romances e que trabalhes a vapor. Calcula o tempo que deves gastar, e previne já o Sebastião para que se disponha a começar a impressão logo que lhe dês originais.

Eu prevenirei tudo de modo que não tenhas outro cuidado, além do da composição da obra. No paquete seguinte mandarei algum, se me for possível; quando não o seja irá no outro paquete logo que me digas: "Estou escrevendo o romance e quero por ele — tanto"! a tiragem deve ser de 4.000 exemplares.

Tem paciência, meu Camilo. Encara isso como um negócio, na certeza de que, se o povo gostar do romance, poderás depois escrever livremente, sem sujeitares o teu gênio a restrições pouco lisonjeiras para um homem da tua esfera.

Pelo mesmo paquete que há de levar-te esta carta, deves — sem falta — responder-me, e se puder ser, dizer-me o título do livro, se puderes batizá-lo antes de nascido. Se por acaso tiveres pronto, ou começado, algum que te pareça próprio para o caso, muito melhor. O que se quer é — prontidão.

Escreve para a — Praia do Flamengo n.o 68-A, onde estou morando desde o dia 24 passado. É um sítio lindíssimo, à beira-mar, três quartos de légua distante da cidade. Das minhas janelas domino toda a baía, cercada de montanhas, cheias de verdura, sobressaindo, no meio delas, o Pão de Açúcar, enorme rochedo, de forma quase piramidal, e tão liso, que não parece trabalhado pelo picão da natureza.

Todos os navios que entram ou saem desta barra, passam em frente da minha casa, e, muito perto, uma porção de barcos movidos a vapor que navegam constantemente entre a cidade e os arrabaldes, conduzindo passageiros que eu posso ver, e conhecer, da minha janela, com o simples auxílio de um binóculo. As ondas vêm quebrar-se a seis ou oito passos de distância, debaixo das minhas janelas; finalmente é uma vivenda lindíssima, pelo golpe de vista que aqui se goza, e por ter sido este sítio respeitado pelas epidemias, por ser muito mais fresco do que a cidade baixa, que é abafada e imunda.

Além de tudo isso — é nestes sítios que vive a maior parte da aristocracia do Império! Estou bem colocado? Basta. Recomenda-me à tua gente, ao Adolfo, ao Lousada, ao Girão e mais amigos.

Escreve muito ao teu do C.

F. X. Novais

Faustino era um recém-chegado ao Rio de Janeiro, quando escreveu aquela carta a Camilo. Parecia não respeitar nada do que via, lia ou conhecia; além, é claro, da vista da baía que se descortinava de sua janela. Não falou na mulher, Ermelinda. Não falou de saudades dos pais e irmãos deixados no Porto.

Ermelinda e Faustino casaram-se em Gaia, em julho de 1855. Ela era bela, fogosa, desbocada e furiosa quando contrariada. Louca. Jogava objetos pela janela do sobrado que alugavam, e pouco se importava com a opinião alheia. Esse traço, que inicialmente parecera maravilhoso ao poeta Faustino, já não era tanto, após um ou dois anos de brigas.

Ermelinda era sobrinha de Antônio Rodrigues de Azevedo, natural também de Gaia, que emigrara pobre para o Brasil. Alguns anos após, possuía uma grande fazenda com muitos escravos e plantações em Itaguaí, perto do Rio de Janeiro. Pertencia àquela pequena aristocracia rural sem letras, tão comum por estes lados. Como muitos de seus conterrâneos enriquecidos na ex-colônia, um dia voltou a Portugal, pavoneando a prosperidade obtida. A sobrinha Ermelinda ouvira-o com respeito. Ela e Faustino eram pobres e sem vistas à riqueza.

Alguns anos antes, Faustino fundara uma revista literária, *O Bardo*, com sucesso inicial de crítica, mas nenhum em dinheiro. No ano de seu casamento, 1855, ele tivera de fechá-la, passando a viver dos bicos em jornais e do livro de poesias que lançaria em seguida; o mesmo que veio com ele e sobre o qual falou na carta a Castelo Branco.

Ermelinda queria enriquecer. Faustino também? Não sei, mas creio que sim. Passado algum tempo e muita correspondência trocada, Rodrigo Pereira Felício, um aparentado português bem estabelecido no Brasil, mandou-lhe o dinheiro das passagens. Era o ano de 1858.

Aqui chegando, o poeta e periodista português Faustino Xavier de Novais foi recebido como um gigante das letras. Casemiro de Abreu dedicou-lhe versos. Os intelectuais da corte, tanto brasileiros como portugueses emigrados, vibraram com sua vizinhança. Os jornais publicavam seus versos e exaltavam sua chegada.

Faustino emigrara no auge da fama, no Brasil e em Portugal. Vaidoso, mandou para a família e para os amigos todos os periódicos em que seu nome foi louvado e sua chegada comemorada, além de curiosidades sobre o país que o recebia. Amava a natureza luxuriante e algumas das senhoras que o receberam. Fora isso, detestava tudo.

Inicialmente, o casal foi hospedado na bela quinta da Baronesa de Taquary, no Flamengo. *"Trata-se de uma senhora muito boa, e por isso lamento tanto os maus modos de minha mulher"*, escreveu Faustino a Carolina. Esta senhora realmente o amava como a um filho.

Passado algum tempo, o casal mudou-se para São Cristóvão. O tio de Ermelinda financiara a Faustino o aluguel de um sobrado na Rua Direita, número 66, onde ele teria uma loja para cavalheiros. O espaço era amplo e tratava-se de um excelente ponto comercial, pago generosamente pelo tio até que o poeta pudesse arcar com as despesas.

Com o dinheiro adiantado, Faustino encheu suas prateleiras do andar térreo com todos os itens que lhe pareceu por bem vender a cavalheiros: rapé e charutos, livros, papel, tinta e penas, perfumes, bengalas, vinhos Madeira e do Porto, licores finos, lenços e alguns cortes de boa casimira inglesa. Na parte de trás ficava a cozinha, com os dois escravos alugados do tio por um preço módico. No segundo andar, uma sala comprida dividida em estar e jantar. Mais um lance de escadas estreitas e chegava-se aos dois dormitórios e ao lavatório.

Logo começaram as cartas, nas quais Faustino se queixava amargamente de Ermelinda e de seu amor pelo chicote. Ela punia os escravos por qualquer motivo, e ele não suportava isso. As brigas de Portugal se transferiram para o Brasil, e os objetos voavam pelas janelas do sobrado. Até um urinol cumpriu o trajeto.

Assim foi por mais ou menos um ano, até acontecer a Grande Briga.

Certa noite de setembro de 1860, no auge daquela que seria a maior de todas as contendas do casal, a polícia foi chamada. Faustino, com a face sangrando por uma chicotada, tentava apagar o fogo que Ermelinda provocara, ensandecida. Já havia labaredas. Ela foi amarrada. Alguém avisou o tio. Este, ao buscá-la, esperou apenas o tempo do próximo paquete para mandá-la de volta a Portugal, com uma acompanhante e sedativos.

A história da briga do casal correu a cidade, bem como a do fechamento da loja do poeta. Apesar de prover seu sustento, esta existia apenas pelo apoio do tio; que, aliás, nessa época, já recebera os títulos de Barão de Ivaí, o de Cavaleiro da Imperial Ordem de Cristo e o de Oficial da Imperial Ordem da Rosa. Gente conhecida e de bem, que não queria a escandalosa Ermelinda e seu marido boêmio por perto.

Assim, as portas foram fechadas. O poeta ficou com a roupa e os livros, além de uns poucos móveis.

Faustino sentiu profundamente a decadência e a humilhação impostas por este episódio. Escreveu cartas e mais cartas aos amigos do Porto, enquanto aguardava o final da tormenta que se abatera sobre sua vida, morando novamente na quinta da Baronesa de Taquary. Era claro que agora ele também precisava de um trabalho que lhe rendesse dinheiro fixo, pois se comprometera a enviar, mensalmente, a quantia de 3.000,00 réis ao pai, e vinha cumprindo a promessa religiosamente.

O amigo português, Rodrigo Pereira Felício, o mesmo que lhe mandara dinheiro para emigrar, veio mais uma vez em seu socorro. Faustino foi nomeado secretário da Sociedade Internacional de Emigração, e também recebeu um cargo no Serviço de Estatística. Isso lhe deu a chance de recomeçar em um novo endereço, com vencimentos fixos.

Por essa época, o poeta começou a arquitetar um novo periódico. Seria chamado de *O Futuro*, e uniria autores portugueses e brasileiros. Seria único. Haveria poemas, cartas, críticas, contos e o que mais lhe parecesse de boa qualidade, unindo os países e seus intelectuais. Camilo Castelo Branco escreveria em todos os números. Seria a revista literária mais abrangente que se pudesse pensar; cosmopolita e sofisticada. Ele mudaria o panorama cultural brasileiro, ocupando e alargando o espaço deixado por *A Marmota*, desde a morte de Paula Brito.

Como era bem relacionado, Faustino logo conseguiu uma lista de assinantes que lhe permitiria pagar as despesas da revista. Em setembro de 1862 apareceu o primeiro número, com toda a pompa que um evento desse tipo poderia receber na corte. A revista era quinzenal, e os assinantes, mensais. O dinheiro, mês a mês, foi escasseando, pois as assinaturas não eram honradas. A agonia foi lenta e triste.

Finalmente, o último número de *O Futuro* foi publicado, em julho de 1863. Faustino Xavier de Novais estava novamente falido.

Então, os sintomas mentais pioraram. De início, na forma de uma neurastenia leve, que calava o poeta por vários dias. Nada de boemia. Nada de poemas e cartas. Nada de mulheres ou vinho. Somente o silêncio ou a flauta, tocada com dor e tristeza palpáveis.

De início, os amigos julgaram que um período de repouso, boa alimentação e amizades resolveria tudo. Ele voltara a morar com sua protetora, sendo cuidado por ela e pela filha, D. Rita de Cássia.

Não resolveu. Faustino piorava da tristeza e autocomiseração a cada semana, e às vezes tinha consciência disso. Quando saía de seu silêncio, escrevia a Carolina, pedindo-lhe que viesse para o Rio de Janeiro, mas ela só chegou muito depois dos primeiros sintomas. Também escrevia para o irmão Miguel e para o amigo Camilo, que lamentavam sua sorte.

Basicamente, Faustino começava a pensar e saía de si mesmo. Diziam-lhe que andava, às vezes gritava e em outras falava por horas, mas ele não se lembrava de nada, ao voltar ao estado normal. Sempre voltava, mas suspeitava-se de que um dia *"ficaria por lá"*. Ninguém mais o alcançaria, depois disso. Também via espíritos; o que era levado muito a sério. Allan Kardec e Guy de Maupassant, cada qual em sua seara, influenciavam o pensamento de muitos.

Muito espaçadamente, Faustino conseguia ir aos dois postos de trabalho que o sustentavam. Mas não poetava mais; nem mesmo nos álbuns de recordações daquelas senhoras que tanto o admiravam. Somente a flauta o ajudava.

Lisboa, 28 de setembro de 1865.
Meu querido irmão,

Como estás passando? Fiquei preocupada com a saúde de teus nervos em tua última carta. Sei que tens passado por dificuldades, mas não podes perder o ânimo dessa maneira!

Gostaria imenso de ajudar-te mais, como me pedes, mas não tenho como deixar mamãe. Além da melancolia, ela agora tem "aquela" doença. Nos intestinos. Como vovó.

Estamos em Lisboa para consultar um médico muito famoso na corte. Miguel, mamãe e eu. Adelaide ficou tomando conta de papai, que também tem tido seus achaques. Estamos em um pequeno hotel distinto, perto da catedral. Tenho rezado muito por vocês dois; tu e mamãe. Tenho fé que ficarão bem.

O sustento de Miguel vem do estúdio, como sabes. Ele e o dinheiro que tu nos mandas mensalmente ajudam-nos nesse momento. Miguel deseja muito ir ao Rio de Janeiro, mas sente-se responsável por nossos pais. Comigo ocorre o mesmo, e somente por isso ainda não fui até aí para ajudar-te.

Entretanto, quem sabe? Qualquer dia as coisas se ajeitam, e vamos fazer-te uma visita.

Encontrei-me com Mariana, antes de virmos para cá, e ela me disse ter visto Ermelinda de longe. Disse-me que tua mulher parecia muito envelhecida, e que ia apoiada no braço de uma das irmãs e em uma bengala. Lamento que seja assim, mas folgo que estejas sem ela ao teu lado. Muito do que sofres hoje se deve a esse casamento fracassado, com uma pessoa tão má.

Últimas notícias, pois tenho de dar as gotas de mamãe: Henrique emigrou para os Açores. Papai está inconformado. Que poderá ele fazer nas ilhas? Viverá do quê?

Espero que me mandes notícias em breve, e que elas sejam melhores do que as da tua última carta.
Recebe o carinho da irmã que muito te quer e que te guarda sempre no coração.

Carolina.

P. S. – Joanna e Rodrigo estão aqui em Lisboa. Se mamãe estiver se sentindo melhor, pedirei que uma camareira vigie seu sono e jantaremos com eles.

D. Rita de Cássia Calazans, a filha da Baronesa de Taquary, era uma boa católica, mas não podia deixar de lado as verdades escutadas nas mesas espíritas, seguindo a doutrina do francês Allan Kardec. Tratava-se de uma filosofia, ela pensava. Não havia nada contra Jesus e os santos. Simplesmente se reconhecia o padecimento de alguns espíritos e a sabedoria de outros que guiavam os que sofriam. Faustino era um exemplo. Um homem sofredor que necessitava de paz.

Entretanto, as chamadas mesas brancas, nas quais D. Rita de Cássia e seus amigos e amigas invocavam ajuda espiritual para o poeta, deixavam-no irritado. Faustino se movia, desconfortável. Abria os olhos, coçava as pernas, mexia os pés e desconcentrava os demais.

Até que, certa noite, viu o que seria o espírito de sua mãe, D. Custódia.

"Minha mãe está aqui conosco. Está me dizendo para chamar Carola e para deixar de beber tantas gotas. Diz também que seria bom que eu caminhasse de manhã cedo, ainda com o orvalho nas plantas. E que espere Carola para breve. Ela cuidará de mim."

Após este discurso pequeno e inusitado, Faustino levantou-se, deixando a mesa e perturbando a sessão que recém se iniciara.

Os integrantes olhavam-se, atônitos.

Que se soubesse, a mãe do poeta estava viva e morava no Porto. Que se soubesse, era uma senhora com problemas de saúde, embora não se estimasse a gravidade de seu estado. Carola era a irmã preferida. Ele já falara sobre ela com suas anfitriãs mais de uma vez, e havia troca frequente de correspondência entre D. Rita de Cássia e Carolina.

Será quê? Será que Faustino era médium? Vira algo? Seria louco?

No próximo paquete chegou uma carta de Miguel, avisando da morte de D. Custódia. O poeta, com isso, granjeou o respeito silencioso dos participantes das mesas brancas. Ele também tinha a mediunidade, afirmaram. Podia estar com problemas mentais exatamente por não a desenvolver.

Faustino os ouviu calado, fechando-se novamente. Não participaria de mesas. Não queria mais falar sobre isso. Esperaria a chegada de Carola e tocaria sua flauta.

Carolina, por seu lado, ao finalmente chegar ao Brasil, esperava ser apenas a irmã do poeta. Ele estava doente e ela viajara por isso.

Essa era a história que seria contada a todos, em Portugal e no Rio de Janeiro. Em Portugal, pelos irmãos que ali ficaram: Emília, Adelaide e Miguel, além de seu pai inválido. Este não falava mais, mas devia ter entendido que haviam arranjado uma saída digna para o *problema* da filha mais nova.

Uma viagem para cuidar do irmão doente, no distante Brasil.

E quanto ao meu problema?

Grávida.

Os enjoos matinais me alertaram, e não tive dúvidas. Nós havíamos nos unido mais de uma vez, embora rapidamente. A precaução da pressa (o coito interrompido) não adiantou nada. Eu estava grávida, sozinha e terrificada.

Minha primeira reação foi sair e contar a Carolina.

Caminhei as poucas quadras que separavam nossas casas e subi os degraus que levavam até a sala de visitas. D. Custódia estava recostada em um divã, com o olhar perdido na janela à frente. Ao longe, percebia-se que alguém lidava com panelas e utensílios, e ouvi a voz de Carolina, rápida e baixa. Segui o som e encontrei-a ao lado da nova criada, ensinando-lhe o ponto de alguma coisa que fervia em um tacho.

Fomos de volta à sala. Minha amiga viu que o assunto devia ser grave, mas esperamos que Adelaide se instalasse ao lado da mãe, com uma costura e seus resmungos acerca da tosse que a afligia há não sei quanto tempo. Ela era sempre minuciosa na descrição do funcionamento dos corpos; principalmente o dela, é claro.

Ouvimos caladas e educadamente, e depois pedi a Carolina que me acompanhasse, dando uma desculpa qualquer. Enquanto ela amarrava o chapéu, nossos olhos se encontraram no espelho. Já na rua, de braços dados, fomos caminhando, e eu lhe cochichava meu segredo.

Finalmente chegamos à praça, depois de subirmos até Santo Ildefonso. Sentamo-nos à sombra, pensando.

Havia as possibilidades, conhecidas e temidas por todas as chamadas moças perdidas. Ir para o interior, escondendo-se de todos e deixando a criança aos cuidados de alguém. Alguém pago, é claro. Nem pensar, pois eu não possuía meios para tanto.

Ter a criança e entregá-la na roda dos expostos. Comum, triste e impensável, ao menos naquele momento. Pobre infeliz. E, além disso, como eu esconderia uma gravidez até o término?

Tomar alguma beberagem das mulheres antigas, como vinho fervido com muito louro. Sempre existiram coisas assim, conhecidas pelas mulheres religiosas como um pecado lavado com outro maior ainda. Tive uma golfada de enjoo, e mal deu tempo de cobrir a boca com o lenço. Também não seria isso.

Ou, finalmente, fugir, sem que ninguém mais soubesse o porquê de minha fuga.

Acho que tivemos a ideia ao mesmo tempo.

Pedro Afonso fora para o Brasil. Estava, ao que se sabia, em um quarto de pensão no Rio de Janeiro. Eu iria até ele.

O problema – ou os problemas, para ser mais exata, eram vários. Com que meios eu compraria a passagem de paquete? Como entraria sozinha no Brasil? Uma mulher viajando sozinha seria encarada como prostituta, a menos que tivesse a carta de um brasileiro ou português residente, responsabilizando-se por sua estada. E quanto tempo levaria para que resolvêssemos o problema do dinheiro para a viagem? Eu não teria tanto tempo assim...

Conversamos sobre as questões sem chegar a lugar nenhum, mas concordamos que o passo adiante seria escrever para Pedro Afonso. Ele poderia, é certo, não me dar nenhuma resposta, e ainda desaparecer. Não haveria nada a fazer, nesse caso. Não poderia seguir para o Brasil nessas condições.

Mas, se não escrevesse, também não saberia. Havia uma pequena chance de que meu noivo me chamasse para seu lado.

Voltamos para casa, lentamente. Paramos na capela e pedimos a Santa Catarina que me ajudasse. E assim comecei a viver um dia de cada vez.

No dia seguinte, vendi minhas poucas joias, ficando apenas com o anel de granadas do noivado, um par de brincos de ouro e o cordão com a medalha de Santa Ana, minha madrinha espiritual.

⁂

A morte de D. Custódia, inesperada até certo ponto, mas inevitável na situação de sua doença, tornou tudo mais fácil para Carolina e para mim. De repente, minha amiga também precisava sair de cena.

Explico.

No ano anterior, conhecêramos um inglês aportuguesado, como tantos que há em nossa terra. Era um rapaz fino, com o talhe também fino e alourado que tantos ingleses têm. Morava e trabalhava em Gaia, viajando pelo Douro e comprando uvas e vinho para quem representava. Nas horas vagas, escrevia poemas e pintava paisagens. Seu nome era Edgar.

No dia em que fomos apresentados, não gostei de alguma coisa nele. Seriam os olhos, claros e juntos demais? Seria o olhar algo falso, como o de uma criança levada que não quer ser descoberta pelos adultos? Ou seriam aquelas mãos, longas e pálidas como as de um defunto?

Não sei. O caso é que não gostei dele.

Mas Edgar gostou de Carolina, viu-se logo. Ela, com sua figura alta e magra, chamou-lhe a atenção desde o primeiro momento. E vi, nos belos olhos escuros de minha amiga, o quanto estava envaidecida e encantada com a atenção que ele lhe dispensava.

Miguel, o irmão de Carolina, estava conosco. Foi ele quem nos apresentou Edgar, dizendo que o inglês estava interessado em sua arte de daguerreótipos. Haviam se conhecido através de D. Ximena, a viúva que ora era a dona do negócio de vinhos que Edgar representava. Por aquela época, Miguel andava trabalhando na quinta daquela senhora, imortalizando faces e salas.

Eles conversaram. Carolina com suas frases rápidas, ditas em tom sempre baixo, e ele com um timbre algo desagradável a meus ouvidos. Falava português com um leve sotaque inglês. Nunca gostei de ingleses – fora, é claro, na literatura.

Pois bem. Éramos, eu e Carolina, moças entrando nos trinta anos; ela sem um noivado em vista, mas com um coração tão pronto a se apaixonar como qualquer jovenzinha de dezoito anos. Eu, comprometida decentemente com Pedro Afonso.

Ocorre que, enquanto Pedro Afonso frequentava minha casa, com o compromisso de noivado firmado com minha mãe viúva, o mesmo não ocorria com Carolina e Edgar. Eles se encontravam na casa de chá, nos cafés ou no sarau de alguém conhecido. Nessa época, como Faustino emigrara e os pais estavam doentes, há muito não havia reuniões na casa dos Novais; o que, obviamente, não significava que Carolina não pudesse receber algum pretendente. Mas Edgar simplesmente não ia lá.

Os meses passaram e minha amiga foi se tornando mais e mais arredia, sem falar claramente de seus sentimentos pelo inglês. Não negava que gostasse dele, mas também não afirmava que tivessem um compromisso, ainda que secreto. Carolina distanciou-se de mim.

Apesar disso, no momento de meu infortúnio foi a amiga que eu esperava que fosse. Estava realmente preocupada comigo e com a criança. E eu esqueci completamente de Edgar.

Edgar.

Um nome inglês antigo. Um inglês beirando os trinta anos, como eu.

Gostos em comum, como Shakespeare, a literatura inglesa atual, Galileu e a Inquisição – talvez díspares para alguns, mas igualmente interessantes para mim e para ele –, nos uniram. Além de seus olhos claros, que me fitavam, ardentes como se fossem negros.

Ele ia e voltava. Tomava a barca e passava semanas sem aparecer. Trabalhava para a família M., inglesa, a quem dizia ser aparentado. Ao sorrir, seus olhos pensativos mantinham-se alertas.

Ganhei dele livros, chocolates, aquarelas e cartas, escritas em suas noites de solidão e em um inglês bonito. Quando retornava à cidade, marcávamos algum encontro. De início, eu levava Ana comigo. Sentávamo-nos ao café e discutíamos algum livro que tivéssemos lido os três, comparando impressões e dissecando os pequenos escândalos, encobertos pelos silêncios e atos dos personagens. Eu amava isso.

Ana, via-se, não gostava dele. E tampouco ele dela. Deixei de falar sobre ele com ela.

Um dia, um bilhete foi-me entregue quando saía para o mercado. Era ele, chamando-me para um passeio à Muralha Fernandina. O dia estava lindo. Ana não estava na cidade, tendo ido a Braga para ver uma tia nas últimas. De minhas irmãs, só poderia contar com Emília, mas ela estava de cama, com um resfriado. Eu iria sozinha?

É claro que fui.

Perambulamos pela muralha e logo fomos ao estúdio, que ele disse manter para trabalhar em paz. Era perto da muralha, e aparentemente tão inocente quanto o estúdio de meu irmão Miguel.

Descobri ali o toque dos lábios e das mãos de um homem. Foi uma sensação arrebatadora. Depois disso, escolhia os dias mais propícios a não ter possibilidade de companhia. Era difícil, mas consegui, muitas vezes.

Fui muito ingênua.

Umas duas tardes após nossa conversa, ao descer do bonde vi Carolina andando mais à frente. Consegui alcançá-la. Estava pálida, com os olhos rasos de lágrimas contidas.

Tomei seu braço e rumamos para a capela de Santa Catarina, vazia àquela hora. Sentamo-nos. Entre as luvas, ela levava um pequeno envelope que, sem dizer nada, deu-me para ler:

Minha cara C.
Escrevo-te implorando que me perdoes. Sei ter sido abominavelmente cruel com tua honra, mas meu casamento realmente existe, conforme aquela triste carta anônima disse-te. Sou casado contra a minha vontade, com uma moça do Alentejo, e com ela tive uma menina que hoje está com três anos. É tudo verdade.
Rogo teu perdão. Rogo tua compreensão ao fato de que o amor que sinto é por ti, e não por ela, e que às vezes a vida nos deixa presos a situações que não temos como controlar ou desfazer. Ferir tua honra nunca foi minha proposição, mas amar-te e respeitar-te, sim.
Caso teu coração ainda siga inclinado pelo meu, podemos encontrar uma solução. Eu compraria uma pequena quinta, no Minho ou em outro lado, e ali nos instalaríamos como marido e mulher, de acordo com nossos sentimentos. Muitos outros vivem assim, como bem sabes.
Espero, fervorosamente, que aceites minha proposta.
Sempre teu
E.

⚜

Fiquei sem saber o que dizer. Minha pobre amiga. Eu realmente sentia muito.

Tomei sua mão e apertei-a. Não necessitávamos falar, naquele momento. Eu sentia sua vergonha. Sua dor. Seu arrependimento por ter confiado – não sei dizer até quanto, frise-se – em um homem tão infame.

Carolina saíra de casa para ir à botica. Seu pai tivera uma apoplexia e não caminhava mais, além de falar muito mal. A casa dos Novais, por aqueles dias, estava cheia de sombras, cheiros de remédios e doenças. Agora, também havia a sombra da desgraça de Carolina.

Saímos da capela. Minha pobre amiga seguia com os olhos baixos. Tomou seus pacotes e ainda parou para comprar lã branca e botões.

– O que tu vais fazer? – perguntei-lhe finalmente.

A voz, sempre baixa e rápida, estava quase inaudível.

– Nada de ir viver com ele, é claro. Nunca. Mas quem me entregou a carta anônima foi Adelaide.

– Tua irmã? – eu estava pasma. Adelaide, a chata?

– Sim. E até acho que a letra é dela.

– Mas como ela saberia que Edgar é casado?

– Não sei. Não vou perguntar-lhe nada. Não quero saber de mais nada. Não teria como acreditar nele, de jeito nenhum. E menos ainda em Adelaide.

Baixando mais a cabeça entre os ombros, vi que ela tentava sufocar o choro. Pobre, pobre amiga!

Ela respirou fundo e conteve as lágrimas, erguendo-se:

– Vamos voltar. Tenho de levar os medicamentos e cuidar de mamãe. É o que importa agora.

– Sim, é claro... Se preferir, posso ficar contigo. Faço a leitura para D. Custódia.

Carolina assentiu, em silêncio, pois já deveria estar de volta. Logo chegamos, pendurando chapéus e capas no cabide da entrada.

D. Custódia estava na poltrona, ao lado da cadeira de rodas do marido. Ambos pareciam não perceber a companhia um do outro. Emília, sentada no sofá de crina, tinha a menina Lina nos braços. A seu lado, Adelaide nos fitou severamente, dizendo:

– Na rua até esta hora, Carolina? E fazendo o quê? Destruindo a reputação da família, depois de ter acabado com a tua?

Vi a dor e a raiva passarem pelos olhos de minha amiga. Quanta crueldade.

Pelo olhar de Emília, vi que o fato já havia sido conversado. E vi, como não via há muito tempo, que os olhos de D. Custódia estavam claros, límpidos, presentes. Olhava para Carolina com amor, pena, medo. Ela também sabia.

Minha amiga abaixou-se, dando um beijo na testa da mãe. Depois serviu as gotas em um cálice, oferecendo-lhe. E então, muito devagar, com muito cuidado e carinho, ajudou-a a levantar-se, enquanto a guiava até o quarto. Chamou-me em voz baixa para acompanhá-las, e assim fiz.

Pobre querida. Ali começou seu exílio voluntário, até partirmos para o Brasil.

Daquela tarde em diante, Carolina deixou de sair de casa. Os olhos estavam sempre baixos, os lábios cerrados. Tinha certeza de que murmuravam coisas a seu respeito, e é claro que era verdade. Essas coisas são assim mesmo. A notícia se espalhara à boca pequena; o *boca-à-orelha* português.

A vida às vezes é assim, juntando todos os fatos bons ou ruins em uma mesma época, para depois alinhavar uma sequência de eventos sem nenhum sabor. Carolina desonrada. Eu também.

Seguindo-se a nossas desditas pessoais, D. Custódia faleceu, tendo somente Carolina a seu lado.

❧❧

Eu lia para mamãe. Ela fechava os olhos e escutava. Os cabelos eram presos para atrás, cobrindo-lhe as orelhas e terminando em uma trança grisalha. A boca era cerrada. Lábios finos e estreitos, herdados por mim, embora os meus sejam um tantinho mais cheios. A respiração era leve. Ela podia escutar-me por horas seguidas, sem esboçar reação.

Depois, as dores pioraram. A doença corroía seu ventre e sua vontade. Por mais interessante que fosse o romance, a notícia ou a poesia, nesses dias ela aguentava pouco.

A leitura nos unira desde quando eu era bem menina. Adelaide não tinha paciência e Emília não lia bem. Eu gostava de ler em voz alta. E, às vezes, ao terminar um capítulo, interrompia a leitura e comentávamos as peripécias dos personagens. Isso nos dias bons, nos quais ela me escutava, enquanto tricotava na cadeira de balanço. Conversávamos sobre nossas impressões, e mamãe era sempre sagaz. Entendia as motivações por detrás dos atos de uma forma muito interessante.

Aprendi a pensar nos caminhos das vontades de cada um a partir dessas conversas com minha mãe. Assim me tornei uma moça, depois mulher, influenciada por nossas conversas sobre literatura. Ou sobre o mundo e as pessoas, que era o que fazíamos utilizando os enredos e os personagens.

Havia também os dias sombrios, nos quais, cada vez mais perto do fim, eu lhe lia poesia e notícias breves dos periódicos. Ela tomava gotas fortes para a dor. Pegava no sono ou ficava entorpecida. Então passei a cantar coisas antigas, as que ela certamente conhecera em criança, na casa de seus pais. Cânticos de igreja e cantigas de trovadores.

Uma tarde, logo após minha desgraça e ouvindo minha voz, ela faleceu. Já estava na posição de mortalha, com o corpo reto e pequeno no meio do leito, as mãos cruzadas sobre o estômago.

Os lábios moveram-se levemente, vi sair deles um brilho translúcido, e foi só. Naquele momento ela estava sem dor, com a face lisa de minha infância. Chorando, terminei a cantiga, para que ela se fosse embalada por um som conhecido.

Depois levantei-me. Beijei sua face e fiz minha despedida. Chamei Adelaide e seu alvoroço de providências a serem tomadas. Fui para o quarto, deitei-me e chorei muito.

• ◆ •

Eu sabia o quanto minha vida poderia se tornar como a de mamãe. Desperdiçada na geração de filhos, com um homem que não entenderia minhas conversas – e que nem faria questão disso. Ou, pior, com um mentiroso como Edgar.

Meu pai. Por que eu o ouvia lamentar a morte de mamãe? Ele sabia que ela estava muito doente. Ele não se importou com ela durante toda a vida. E, para ser justa, ela tampouco com ele. Mas, agora, ele chorava de verdade.

Saí do quarto. Ele estava em sua cadeira de rodas. Maria, nossa criada, estava ao lado de Adelaide. Ambas rezavam. Alguém colocara um rosário entre os dedos cruzados de mamãe. Mandaram chamar o pároco e Emília. Era a única de nós casada.

Logo em seguida, Adelaide assumiu a ordem.

– Todos para baixo. Miguel, tome as providências para o velório e o enterro. Escolha um bom caixão e flores adequadas. Velas também. Vamos preparar o corpo e avisamos quando puder ser levado. Desçam papai e deem-lhe o remédio.

Fim.

• ◆ •

Poucos dias antes, eu recebera aquela carta. Pouco antes, soubera do infortúnio de Ana. E agora mamãe se fora. Infortúnios vêm em trios, como se diz. Ali acabava tudo.

Nosso pai, a partir da maldade de Adelaide com minha desonra, amanhecera com o rosto ainda mais torto. Ali mamãe também piorou. As gotas para as dores pareciam não fazer mais efeito. Ela cochilava, durante poucos minutos, e logo voltava a gemer.

Nunca a deixei só. Ficava ao seu lado. Via minhas irmãs entrarem, tomarem providências de qualquer tipo, falarem com ela, mas nós duas ignorávamos o que se passava naquele quarto. Era como se estivéssemos isoladas em uma bolha de dor, e esta bolha não permitia que ninguém nos alcançasse.

Quanto tempo mamãe viveu, desde aquele Dia da Verdade? Não completou sete dias.

•◆•

O velório foi muito triste. É claro que todos eles costumam ser, mas era também o meu velório. A Carolina Augusta que nascera e crescera naquela casa e naquela rua não era a mesma que vira sua mãe falecer. Não era a mesma que cuidara de seu pobre corpo devorado pela doença.

A Carolina que morreu deixou espaço para que eu pensasse em minha vida e no problema de Ana. Ela ainda não sabia, mas, assim que o corpo de mamãe fosse enterrado e a missa de sétimo dia rezada, partiríamos para o Brasil.

Em junho de 1866, quando Carolina, eu e Arthur Napoleão chegamos ao Rio de Janeiro, a bordo do *Estremadure*, ao longe se via a mata que circundava a cidade. Os paquetes entravam na Baía de Guanabara, navegando entre as fortalezas de Santa Cruz e São João, e o magnífico Pão de Açúcar dava as boas-vindas. Ancorados na baía, aguardamos a chegada dos oficiais alfandegários.

O cais em que desembarcamos mais tarde era chamado, informalmente, de Cais dos Franceses. Ou Cais Pharroux, pois havia perto um grande hotel de franceses com este nome. O cais fora construído em 1779, a mando de D. Luís de Vasconcelos, e ampliado em 1811, devido ao aumento das exportações de café. Foi o maior porto de escravos em toda a Terra, o que era arrepiante de imaginar. Agora, o tráfico humano era proibido, e ele recebia por volta de vinte paquetes comerciais por mês, trazendo e levando passageiros e emigrantes de Portugal, França, Inglaterra e Itália. Os escravos ainda entravam, mas por portos escondidos. Os ingleses dominavam o comércio clandestino, e todos sabiam disso.

Durante a viagem, eu enjoara e enjoara. Meu ventre, ainda assim, conseguira se arredondar, como se não necessitasse de nenhum alimento em meu estômago para que a criança crescesse.

Carolina tecia pequenas meias, toucas, xales e casaquinhos para o bebê. Tudo com a lã branca que trouxera, e também pequenas camisolas de cambraia macia. Ela alinhavava as bainhas de cueiros, pedindo-me para costurá-las.

Minha amiga não parava nunca. Exausta pelo enjoo, eu acompanhava seu trabalho manual incansável, e pensava. O que seria de mim naquela vida nova que se avizinhava?

Antes de partirmos, eu mandara uma longa carta a Pedro Afonso, mas não tivera resposta até nossa saída de Portugal. Eu estava indo ao Brasil com meu ventre cheio, rumo ao desconhecido total. Sem dinheiro. Sem garantias.

De vez em quando, Carolina saía de seu mutismo atarefado e me falava sobre o futuro. Para ela, era certo que eu ficaria sozinha com a criança. Ela me falava em apoio. Que quando alugasse uma casa para ela e Faustino morarem, ficaríamos com eles. Que tudo se ajeitaria.

Mas eu ainda tinha um fio de esperança. Pedro Afonso nos encontraria, a mim e a nosso filho.

Amei um homem e ele era casado. Ainda que minha intuição às vezes trouxesse lampejos, avisando-me de que algo ia errado, sabê-lo como o soube foi a maior dor que tive. Maior do que a morte de minha mãe, pois ela estava sofrendo demais.

Vergonha. O Porto inteiro – ao menos em meu sentimento – ficou sabendo da filha do joalheiro que fora enganada pelo inglês. Muitos, é certo, achavam bem feito, pois ingleses são ingleses. Nossos chefes e patrões. E mulheres não devem ser desfrutáveis.

E eu, o que pensava?

Que fora uma tola, é claro. Que ferira profundamente a mim mesma, por minha cegueira. Que Edgar era um desgraçado. Que não havia mais respeito e nem chances de uma vida digna em Portugal.

Meu apreço pelas irmãs Brontë nunca foi tão forte como naquelas semanas de viagem, ao lado de meu tricô e das costuras para a criança de Ana.

Nossa viagem foi resolvida rapidamente. No velório de mamãe, pensei e pensei em nossas situações difíceis. Tínhamos de ir embora. E tínhamos de arrumar dinheiro.

Eu não tinha dinheiro. Teria de pedir a Miguel, ou poderia escrever a Faustino, mas levaria tempo até tudo se acertar. No mínimo um mês. E eu não queria esperar, tanto por mim quanto por Ana.

Na manhã do enterro, Arthur apareceu. Sério, circunspecto, sentou-se a meu lado, no coche que seguia até o cemitério. Continuava com as pequenas covinhas, quando mexia a face.

Lembrei-me de que, quando eu ainda era uma mocinha de quinze anos, costurara uma roupinha de veludo negro para o primeiro concerto público do menino prodígio do piano. Parecia-me que fora tudo há um século. Agora ele era famoso.

Foi Arthur quem comprou minha passagem e a de Ana. Na volta do cemitério, eu lhe entreguei um lenço com algumas de minhas joias nele enroladas. Todos sabiam que ele estava de partida para uma turnê, e este seria nosso pagamento pelas passagens que ele nos providenciaria.

Arthur é muito inteligente. Além disso, estava em casa há uns dias, e provavelmente ouvira os comentários a meu respeito. Ele correu os olhos de uma para outra e assentiu. Disse-me que cuidaria disso ainda naquele dia, e assim foi.

Na manhã seguinte, Arthur mandou um mensageiro com os bilhetes de viagem. Eu e Ana ficaríamos juntas, em uma cabine de primeira classe. Sairíamos honradamente de Portugal, malgrado tantos infortúnios.

Tratei de avisar minha amiga o mais rapidamente possível.

Depois, soube que Arthur falara com Miguel, e que este aprovara minha ida.

Arthur era um dos filhos do italiano Alexandre Napoleão (nascido Alessandro Napoleone), um professor de piano que dava aulas aos filhos das famílias ricas da Feitoria Inglesa. A família italiana fugira para Lisboa quando Alexandre tinha uns oito anos de idade. Mais tarde, ele se mudou para o Porto, onde se casou com a portuguesa Joaquina Amália dos Santos e aportuguesou o nome. Em 1843, nasceu Arthur.

Arthur começou a estudar piano com o pai aos quatro anos de idade. Ele era, certamente, talentoso o bastante para chamar a atenção de qualquer professor, embora fosse pouco mais do que um bebê. Alexandre, certo de que ali estava, finalmente, uma mina de ouro, doravante dedicou seu tempo a Arthur e sua arte, ensaiando-o por horas a fio.

Aos seis anos, Arthur tocava como um concertista. Era a mistura perfeita de técnica com emoção, diziam todos. Era a salvação da família, pensava Alexandre. Um novo Mozart. As plateias adoravam crianças assim.

A estreia oficial do menino-prodígio foi a 11 de novembro de 1849, na casa do Sr. Duarte Guimarães. Tudo foi brilhante e serviu para conduzi-lo à consagração. No mês seguinte, Arthur apresentou-se em um concerto da Filarmônica Portuense. O sucesso foi tanto que Alexandre fez um empréstimo, a fim de pagar o aluguel de três noites no Teatro São João. Foi quando eu costurei o pequeno traje de veludo negro. Dona Joaquina falecera de tuberculose poucos meses antes, e senti muita pena do menino órfão e do destino que lhe fora traçado pelo pai.

A audiência não foi completa na primeira apresentação, mas a comoção causada pela figura solitária do pequeno Arthur tocando com maestria percorreu a cidade. Os jornais o aclamaram. Camilo Castelo Branco escreveu que o pai do pequeno gênio tinha a obrigação moral de levá-lo para Lisboa, a fim de que se apresentasse para a corte, e de lá para os palcos europeus. As próximas apresentações tiveram audiência completa, e assim começou a carreira de Arthur Napoleão, o pequeno gênio português da música.

Após uma nova apresentação, organizada especificamente para que obtivessem fundos para a viagem a Lisboa, Alexandre e Arthur seguiram para lá, onde o menino apresentou-se para D. Maria II e sua corte. Ele ainda usava a roupinha de veludo negro feita por mim.

Em 1857, Arthur fez sua primeira apresentação no Brasil. Apaixonou-se pelo calor, pela corte instalada em uma cidade cercada pelo mar e por matas, pela liberdade que parecia fazer parte do ar quente que se respirava. E liberdade era o que sua alma mais ansiava. O Brasil, Montevidéu e Buenos Aires se tornaram destinos de turnê obrigatórios. Ele se apresentava na Província do Grão-Pará, seguindo para a de Pernambuco. Depois vinha para a corte, seguindo para São Paulo, Porto Alegre, Rio Grande e a Cisplatina.

Em uma apresentação no Rio de Janeiro, Arthur viu uma moça e apaixonou-se. Seu nome era Lydia, e ele resolveu que voltaria para casar-se com ela. Ela também estava apaixonada, mas seu pai era contra o casamento com um artista. Na turnê seguinte, ele a reviu em uma festa de São João, mas a interdição paterna se mantinha.

Agora, Arthur voltava ao Rio de Janeiro, contando com a maioridade de sua escolhida. Aos vinte e um anos, ela não necessitava mais da autorização paterna para o casamento, e ele planejava tirá-la de casa. Instalara Alexandre Napoleão em Lisboa, em um sobrado no alto da Rua da Lapa, com uma renda vitalícia razoável. Era o fim da sociedade de trabalho que mantinha com o pai.

Aos vinte e quatro anos, Arthur começaria uma vida novinha no Rio de Janeiro, à sua maneira.

Primeiramente, tocaria quando e se quisesse. Depois, se tornaria um comerciante bem estabelecido. Abriria um negócio ligado à música, como a venda de instrumentos e partituras, pois precisava de alguma respeitabilidade para ser aceito pelo pai de Lydia. Talvez também abrisse uma sala de espetáculos. Estudaria e jogaria xadrez, sua grande paixão. E estaria, finalmente, livre do pai, ao lado da mulher que escolhera para ser sua.

•◆•

Sair de Portugal foi minha única opção. Edgar ainda tentava alcançar-me, com cartas e bilhetes. Miguel não me olhava. Ignorava-me, deixando claro o quanto abominava minha história de moça perdida. Adelaide fazia o mesmo, embora seu veneno escorresse sutilmente, dizendo lamentar minha queda e rezar todos os dias para que Deus me perdoasse.

Meu confessor foi de alguma ajuda. Absolveu-me e abençoou minha ida, mas criticou duramente o que chamou de luxú-

ria. Dei razão a ele, enquanto mantinha a cabeça baixa e coberta pelo véu. Paguei uma penitência dura e longa sem queixar-me. Por mim, teria sido até maior.

Indo para o Brasil, pensava em meu irmão Faustino e rezava, prometendo que cuidaria dele como se fosse meu filho. Aliás, eu não os teria – filhos, quero dizer. Seria a moça solteira que cuidava do irmão, e apenas isso, para sempre.

Elimino um capítulo que julgo não dever dar à publicidade. Íntimo drama de família em que escapou de ser vítima Carolina Novais.

Arthur Napoleão, *Memórias*

Capítulo 3

Rio de Janeiro

❦

No convés, aguardando os funcionários aduaneiros, Arthur distraía-nos, contando ter sido proibido de jantar em um clube em Buenos Aires, porque ali não admitiam artistas. Falei que o Novo Mundo estava mais parecido com o velho do que o esperado, mas ele assegurou-nos que os brasileiros o tratavam muito bem. O próprio Imperador já o recebera. O problema era somente o pai de Lydia, que não o aceitava como genro por ser artista. Novo velho mundo...

Chegando ao cais, eu e Carolina vimos o que já esperávamos ver, mas, ainda assim, tudo nos surpreendia.

Havia pretos, muitos deles. Vendiam bananas, ofereciam serviços, buscavam bilhas de água, transportavam malas e sacos. Descarregando o paquete, conversavam e riam sob o sol, como se o calor não fosse infernal, e como se seus pés descalços não sentissem o piso ferver. Alguns usavam camisas de algodão cru, abertas no peito, e calças curtas e largas da mesma cor. Outros não usavam nada além das calças largas amarradas à cintura. Todos estavam descalços.

Anos antes, Faustino havia descrito a cena que agora víamos com nitidez. Sabíamos que nem todos aqueles homens eram escravos. Na verdade, para cada dez pessoas pretas, menos da metade era escrava, pois havia um sistema de liberdade muito peculiar e um tanto incompreensível para um europeu.

Ao que parece, um senhor de escravos podia libertar um preto de várias formas; o que não necessariamente significava liberdade incondicional. Esta até existia, mas era rara. O mais comum era o chamado *preto de ganho*: o proprietário permitia que o escravo trabalhasse fora, desde que este lhe pagasse a maior parte do ganho que obtivesse. Com isso, o infeliz ia juntando seu dinheiro, até comprar a própria liberdade.

Mestiços – os pardos, ou mulatos – tinham mais facilidade para conseguir trabalho e liberdade do que africanos puros. Caso o senhor fosse piedoso, era até certo ponto comum que libertasse escravos antigos na pia batismal. Todos sabiam que os pardos muitas vezes eram filhos de feitores, de familiares ou do próprio senhor da casa. Era comum que os filhos das preferidas fossem alforriados com elas, vivendo junto das famílias como agregados. Mulheres também eram mais favorecidas com a liberdade do que homens.

E, ainda assim, tudo podia ser desfeito. A liberdade podia ser retirada. Como falei, era um sistema algo incompreensível.

Também sabíamos, desde Portugal, que na Rua do Ouvidor podia-se encontrar todas as novidades de Paris para damas e cavalheiros, mas que a varíola e a febre amarela dizimavam ricos e pobres. Os aristocratas eram muitos, e fugiam dos fedorentos bairros centrais, preferindo viver em quintas ao redor da cidade. Alguns falavam francês fluentemente, em saraus e em noites de gala na ópera; mas, salvo pouquíssimas exceções, não havia calçadas nas ruas.

Era estranho. Era lindo. Era um país novo e velho ao mesmo tempo, com uma corte nos velhos moldes. Não havia como não ficar fascinada com tudo de diferente que se apresentava ante nossos olhos.

Entretanto, no momento em que Carolina viu Faustino, esqueceu-se de todo o resto. *"Meu Deus"*, foi só o que disse. O aspecto era doentio, cinzento. As mãos ossudas se apoiavam em uma bengala. Estava acompanhado por uma senhora gordinha, que imaginei ser D. Rita de Cássia, a filha da Baronesa de Taquary. Próximos, estavam Rodrigo Pereira Felício e a esposa, Joanna, os viscondes de São Mamede. Eu os conhecera na casa dos Novais, anos antes, quando estiveram no Porto.

Faustino estava cercado por nobres. Vivia com eles. Dependia deles. Zombara de todos em Portugal, e tudo terminava assim... Este era outro fato deveras bizarro.

As providências práticas foram as seguintes: Carolina ficaria com Faustino, na quinta da Baronesa. Eu também. Minha presença foi incluída como uma amiga querida que acompanhara Carolina na travessia. Arthur ficaria na quinta dos São Mamede. E assim, finalmente, os Novais viviam com a nata da sociedade, tal como Seu Antônio Luís um dia sonhara.

A propriedade de D. Rita de Cássia ficava em um lugar chamado Rio Comprido. O caminho até ela era de areal batido, com riachos borbulhando ao lado de vez em quando, e com carroças carregadas dirigindo-se para algum mercado. Fascinante. Fui aprendendo os nomes dos novos vegetais aos poucos.

Dentro do coche, o calor era pegajoso, mas a verdura que margeava o caminho trazia-nos a brisa que vinha do oceano. A casa, como vimos em seguida, era fresca.

Carolina, sempre tão atenta, parecia atordoada. Um irmão mais doente do que ela supunha, o calor que colava nossas anáguas às pernas, as luvas que provocavam coceira em nossos pulsos, e a mulher – simpática, coitada – que não parava de falar, exigindo uma atenção que ninguém se sentia em condições de dar-lhe. Agora, por exemplo, falava sobre o próximo salão literário que teriam, na quarta-feira seguinte. Ela esperava que Faustino escrevesse alguma coisa, ainda que fosse breve. Poderia ser algo jocoso, *"por que não"*? Poemas sátiros sempre faziam sucesso e alegravam a todos.

Carolina fitou o irmão e viu-o de olhos baixos e lábios levemente franzidos. A barba longa estava grisalha. Ele se tornara parecido com o avô materno, disse ela. As veias azuis e proeminentes eram visíveis nas mãos apoiadas na bengala. O casaco de casimira preta estava escovado e limpo, e as botas engraxadas pareciam novas. Pobre Faustino. Ao menos estava sendo bem cuidado.

Fingindo não ter notado a falta de respostas a seus comentários, D. Rita de Cássia seguia falando, mostrando-nos montanhas lindas, nas quais viviam o Imperador do Brasil e as princesas, ambas casadas recentemente. *"Logo faremos um passeio para aqueles lados"*, prometeu a anfitriã falante.

Ao chegarmos às portas da grande casa branca de venezianas verdes e compridas, todos se calaram. Era lindo. Era verde, em vários tons e alturas, com flores amarelas, brancas e vermelhas espalhadas. Tudo grande. E mais pessoas negras, muitos deles e delas, caprichosamente vestidos e limpos, mas também descalços, esperando para receber-nos. O uso de calçados se tratava da maior distinção entre escravos e libertos, logo descobri.

— Bem-vinda ao Brasil, minha irmã – disse um Faustino que se esforçava visivelmente para sorrir.

— Obrigada, meu irmão – e um brilho de lágrimas passou quase despercebido de todos. Quase.

O Grêmio Literário Português de nossa anfitriã era meu deleite. Estava de luto fechado por mamãe e não acompanhava D. Rita de Cássia nos saraus, mas seu salão era como minha casa, agora, e eu não precisava apresentar nada. Somente observava e escutava.

Eu esperava por aquelas reuniões quinzenais. Ansiava pela alegria e pelas conversas, pela música e pelos poetas. Esperava, especialmente, por um. Ali descobri que não seria a eterna moça solteira, mas isso foi depois de algum tempo.

Arthur Napoleão tornou-se logo a grande estrela da cidade, dos saraus de toda a corte e do Grêmio Literário. Tocava magistralmente, como sempre, tanto composições próprias como alheias. Generoso, fazia duetos com pianistas menos brilhantes. Contava piadas, vestia-se caprichosamente. Era um dândi, uma novidade para lá de maravilhosa nessa terra distante da Europa, e era notório que todos se sentiam mais mundanos e europeus, tendo Arthur como convidado. Este, como planejara, levava uma vida tranquila, com vistas a conquistar a mão de Lydia de Avellar. Isso levou mais tempo do que o esperado, mas ele o gastava imaginando espetáculos com vários pianos no palco, começando uma editora de partituras, e ainda viajando, nos primeiros dois anos após nossa chegada, para cumprir compromissos previamente assumidos.

Arthur também introduziu uma nova mania na corte: o jogo de xadrez. Estudava-o seriamente, ensinava a quem se interessasse e logo teve parceiros tão apaixonados quanto ele próprio. O mais entusiasmado era Machado, um poeta e jornalista amigo de Faustino.

Nos primeiros meses após nossa chegada, meu irmão ainda participava dos serões. Mantinha-se calado e recolhia-se antes do final. Por vezes, entretanto, notava-se o prazer em seus olhos, quando escutava algo particularmente belo ou sagaz. Meu pobre irmão...

Os amigos preocupavam-se com ele, comoventemente. Caetano Filgueiras, Augusto Zalvar, José Joaquim de Macedo, Reinaldo Montoro, Ernesto Cibrão e Machado de Assis eram os mais assíduos no salão de nossa anfitriã. Tentavam fazê-lo rir. Tentavam fazê-lo jogar xadrez. Nada adiantava, mas todos afirmavam que ele estava melhor desde minha chegada. Ao menos, parecia-lhes mais estável. Eram todos muito simpáticos comigo. Eu lhes era grata.

E estava grata por Ana, é claro. Com seus bebês.

Fernando Antônio – em homenagem a nosso santo de devoção – e Maria Catarina vieram ao mundo durante uma tempestade tropical. Pelas contas de Ana, não era a época certa de nascerem, mas a parteira disse que com gêmeos costuma ser assim. Foi uma surpresa, pois é claro que não sabíamos que seriam duas crianças, até a hora do parto.

Ana encontrara abrigo e carinho na casa de D. Rita de Cássia. Fizéramos indagações acerca do paradeiro de Pedro Afonso, até descobrirmos que ele se fora para o sul, na distante Província de São Pedro. Ana escreveu para um endereço, não obtendo nenhuma resposta.

Minha amiga ficou muito desesperada. Recusava-se a sair da parte íntima da casa, e nunca frequentava o Grêmio Literário. Sentia vergonha de seu ventre descomunal e de suas mãos sem uma aliança de casamento. Eu me sentia dividida entre ela e Faustino. Eram dois doentes a exigir minha atenção.

Então, quando se armava uma daquelas tempestades terríveis, das quais sinto tanto medo, Ana perdeu suas águas, e *tudo começou. Como ela não quis que lhe chamassem o médico da família, chamaram uma preta calma e forte – Joana –, que já fizera muitos partos. Ela trouxe ramos de ervas frescas, uma tisana fumegante e um unguento, que passava no ventre de Ana enquanto rezava em voz baixa.*

Parece que narro o enredo de um livro, mas não é o caso. Aconteceu assim mesmo.

Quando os relâmpagos riscavam o céu escuro e opressivo; quando Ana já sentia dores fortes e as mulheres seguravam sua mão; quando eu mesma corria para acudir meu irmão, tendo sido avisada de que a tempestade fazia com que ele também precisasse de cuidados, chegou um coche de aluguel.

Dentro do coche estava Pedro Afonso. Ao adentrar a casa, parecia mais velho, com traços mais firmes do que quando saíra de Porto. As suíças mostravam alguns fios grisalhos e prematuros. Prematuros como as crianças, pensei.

Ana querida. Sua reputação estava a salvo. Suas crianças estavam a salvo. Segundo ela, graças a Santo Antônio e a Santa Catarina.

Pedro Afonso estava há meses no Brasil – desde a concepção das crianças, é claro. Logo de início, fora apresentado a um português que tinha terras na província mais meridional. Lá havia o frio do inverno, mas também muita terra. O homem oferecera-lhe o posto de guarda-livros de suas estâncias de gado, com a condição de que vivesse na propriedade. Pagava bem; melhor do que na corte. Viver da profissão, logo ao chegar ao Brasil, pareceu o paraíso ao noivo de Ana. Ele nem pensou na lonjura da civilização, na solidão ou nas brigas por fronteiras que volta e meia eram travadas por lá.

A carta de Ana só chegou às suas mãos alguns dias antes do parto das crianças.

Ana foi para o sul dois meses após o nascimento dos gêmeos, devidamente casada na capelinha da quinta, dedicada a Santo Antônio, na mesma tarde do batizado das crianças.

Capítulo 4

Um brasileiro especial

❦

No Rio de Janeiro, barcas transportavam moradores do subúrbio para o trabalho no centro, e depois de volta para casa. Esta era a rotina de um rapaz magro, míope e moreno, que tomava a sua em São Cristóvão e seguia até a Rua Direita. No percurso, ele ia lendo um dos tantos livros ou jornais que abarrotavam sua mala de mão, até chegar a seu destino.

Ele lia tudo o que pudesse. Seu nome era Joaquim Maria Machado de Assis, e este homem mudou a vida de minha amiga Carolina para sempre.

A família Novais custou muito a aceitar que Carolina tivesse qualquer tipo de relacionamento com Machado. Apesar de ele ter sido amigo de Faustino desde que este chegara ao Brasil, ainda era um ser humano de classe inferior, na visão dos Novais. Era um pardo, e não possuía nada de seu. Era pobre.

Em Portugal, ainda hoje, existem muitos descendentes de árabes mais escuros do que Machado. Existem, também, muitos camponeses brancos como a neve, analfabetos e sem nada para calçar além de tamancos. Os mais abonados, ou com mães e esposas prestimosas, têm meias quentes de tricô para o inverno, que são usadas com os tamancos. Mas, certamente, alguns não possuem nem isso, mesmo agora, no início do século XX.

Este nunca foi o caso de Machado. Ele era um homem livre e culto, filho de pessoas que nunca haviam sido escravizadas, e usava seus próprios calçados desde sempre. Mas os irmãos de Carolina não aceitavam que eles se relacionassem, infernizando a vida de minha amiga.

Pois bem. Aí continua a história do livro de Carolina.

⋆

Eis a história que descobri, narrada por D. Maria Paula (ou simplesmente D. Paula), a atual proprietária da Chácara do Livramento. No Brasil, havia dois grandes grupos sociais: ricos e pobres. Tanto um quanto outro possuíam suas hierarquias, mas vamos nos ater aos últimos.

A pobreza brasileira dividia-se entre escravizados e livres. Os pobres escravizados eram pretos, em várias escalas de tons. Os pobres livres podiam ser brancos ou pardos. Podiam ter alguma profissão que os mantivesse, como a sapataria e a doceria, mas a grande sorte era tornar-se agregado de alguma família grande e rica.

Os agregados remetiam sua condição de trabalho à Grécia e Roma antigas. Serviam como mão de obra em troca de casa, comida, cuidados físicos e espirituais, e algum parco dinheiro que lhes era distribuído (ou não, dependendo sempre da vontade dos senhores da casa), algumas vezes ao ano. Os mais afortunados eram considerados quase membros da família, sendo educados e tratados como tal. Com o passar das gerações, famílias inteiras podiam ser recebidas como agregadas de algum grande personagem público ou fazendeiro. Assim, havia uma hierarquia na pobreza, tanto quanto na riqueza. Os agregados sempre eram livres.

Então, comecemos pelos avós paternos de Machado.

Francisco de Assis e Inácia Maria Rosa foram alforriados e casados em 1805, no oratório da casa do Cônego Felipe Pinto da Cunha, na cidade do Rio de Janeiro. Não era comum escravos serem alforriados e casados na capela dos senhores. Escravos não se casavam; somente pessoas livres, e por isso a liberdade dada pelo senhor antecedia o sacramento. Francisco de Assis era antes propriedade dos donos da Quinta do Livramento. Inácia era filha natural do Padre José, irmão da dona daquela propriedade, com uma escrava da casa.

Francisco de Assis e Inácia Maria foram os pais de Francisco José de Assis – o qual seria, anos mais tarde, o pai de Machado. Francisco José era livre desde o nascimento. A família Assis vivia em uma pequena casa próxima à Sé, onde o menino foi batizado. Não eram agregados de nenhuma casa grande. Eram pobres e livres, vivendo sua vida com o trabalho que conseguiam.

O Padre José, pai natural de Inácia, cuidou para que seu neto Francisco José tivesse instrução e ofício. Então, o menino estudou o curso primário em uma escola municipal e depois aprendeu uma profissão bem-conceituada: pintor e dourador. O avô natural financiou as aulas e os materiais, que eram caros. Esta era uma boa profissão.

Os pintores e douradores preenchiam paredes e tetos com pavões, aves-do-paraíso, árvores e jardins, coloridos e dourados. Outra arte comum e valorizada eram os medalhões, pintados na altura do teto, ao longo das paredes dos salões de jantar. Cada medalhão era pintado com a face e nome de um imperador da Roma Antiga, e ramos de flores e louros uniam cada um. Como se vê, era um ofício respeitado, e esses profissionais trabalhavam em igrejas e salões aristocráticos.

Provavelmente, de vez em quando Francisco José visitava o Livramento, tanto para visitar parentes que ali viviam e trabalhavam como para pintar algum salão, ou mesmo a capela da propriedade. Em algum desses dias, deve ter visto uma moça que estava sempre ao lado das senhoras da casa. Era Maria, uma açoriana de olhos claros e sorriso bonito.

Maria viera para o Brasil em 1815, acompanhando os pais, Estêvão e Ana Rosa Machado da Câmara, em uma das muitas levas de imigração do Império brasileiro. A menina contava três anos de idade, e eles vinham de Ponta Delgada, na Ilha de São Miguel dos Açores. Estes açorianos pobres foram os avós maternos de Machado.

Aqui chegando, a família desembarcou no Cais do Valongo, no Rio de Janeiro. Ali, antes, havia um mercado de escravos, e também a intermediação de agregados para casas senhoriais, como a Quinta do Livramento. Esta era uma propriedade enorme, estendendo-se desde a enseada da Saúde até o Morro da Providência. A casa principal (chamada de Casa Velha) e a capela, construídas em meados de 1700, ficavam no alto, tomando conta do terreno. Em volta, até bem longe, havia plantações de café, hortas, pomares, criação de animais, tanques imensos para lavagem de roupa, cisternas, a senzala e as casas dos agregados. Numa dessas casas foi acomodada a família dos Machado da Câmara, pais de Maria.

Estêvão e Ana Rosa se tornaram agregados da família de Manoel Pinto da Cunha e de Maria Thereza dos Santos – esta, aquela irmã do Padre que era avô natural de Francisco José. Agregando-se à família senhorial, receberam moradia, alimentação e cuidados. Estêvão fazia serviços gerais na propriedade, e Ana Rosa trabalhava na Casa Velha. Crescendo, Maria e as irmãs acompanhavam a mãe nas lidas e frequentaram os primeiros anos da escola municipal, para os lados da Igreja da Lampadosa. A família era alfabetizada, em uma época e lugar de analfabetos. Isso os distinguia.

※

Pois bem. Segundo D. Paula, os antigos contavam que, em uma certa fase da vida, a proprietária, D. Maria Thereza, se apaixonou, e não foi por seu marido Manoel. Diziam que ela, já casada e mãe de dois meninos, conhecera um rapaz chamado Bento Barroso Pereira. Ele era bonito e inteligente, engenheiro militar e pessoa muito bem relacionada na corte. Ele também se apaixonou por ela, e deste amor adúltero nasceu uma filha: Anna Thereza. Tudo aconteceu antes da chegada dos açorianos, é certo, mas as notícias desse tipo nunca morrem.

Passado o tempo, já depois da chegada dos agregados, houve uma epidemia de alguma febre. Maria Thereza e o marido Manoel faleceram, deixando a quinta para o filho mais velho e para a filha mais nova, pois o outro era padre.

Ana Rosa, a imigrante açoriana, faleceu na mesma época. Estevão e as filhas seguiram na propriedade como agregados, e Maria tornou-se a acompanhante de Anna Thereza, a menina que era fruto do amor secreto da mãe. O filho mais velho dos falecidos, Francisco Claudio, tornou-se o administrador da grande propriedade, e o responsável pelo sustento e amparo à irmã solteira.

Francisco Claudio não foi um bom administrador. Ao morrer, ainda jovem, deixou para a irmã um montante descomunal de dívidas de jogo, e ela não sabia o que fazer para saldá-lo. Não havia, a seu ver, um administrador confiável, e a venda de escravos e terras se tornou imperiosa.

Ocorre que Bento, no decorrer dos anos, acompanhava de longe a vida da quinta, enquanto cuidava da ascensão de sua carreira militar e política. Ele estava ciente de que Anna Thereza precisava de ajuda desde a morte dos pais, principalmente porque seu irmão era um jogador e mulherengo notório.

Aos poucos e com amigos em comum, Bento se aproximou de sua filha natural, ganhando-lhe a confiança e aconselhando-a nos investimentos. Uma parte da terra da quinta foi loteada e vendida, e novos moradores surgiram nas ruas e lotes recém-abertos, na subida do morro. Saldando dívidas e trabalhando incansavelmente para que o patrimônio fosse preservado, Bento – então já ministro de D. Pedro II – viu que a Quinta do Livramento finalmente estava a salvo, e Anna Thereza também.

Parte do dinheiro por trás de Bento Barroso Pereira vinha de um compromisso firmado com uma mulher. Ele estava noivo de uma viúva, portuguesa e riquíssima, e ela financiara parte dos empréstimos a Anna Thereza, para que Bento reerguesse a quinta.

Anna Thereza era solteira, sofria do pulmão e sabia-se que não deixaria herdeiros. Então, foi acertado que Bento comprar-lhe-ia a propriedade por um preço simbólico, após o casamento com a viúva, deixando-lhe o usufruto da casa e das plantações. Dessa forma, Anna Thereza pagaria todos os empréstimos que ele lhe fizera e estaria amparada enquanto vivesse.

Tanto Anna Thereza como a viúva não tinham conhecimento de que Bento Barroso Pereira era o pai natural de Anna, mas a história foi mantida pela vizinhança, nos salões, nas cozinhas e nas senzalas. Nunca deixou de ser comentada, como um daqueles segredos que todos sabem, mas que se conta a um de cada vez. Assim é a vida.

⁂

Maria José de Mendonça era o nome da noiva de Bento. Portuguesa de Braga, nascera de algum pecado grave, mas fora sempre protegida pela família – a dela própria, é claro.

Ao nascer, Maria José fora exposta na roda; o que significa a doação da criança para quem desejasse criá-la. Maria foi logo apadrinhada por um tio, o Cônego João Cardoso de Mendonça Figueira. Este, ao contrário do que se possa pensar, não era seu pai.

O pai da menina batizou-a meses após o nascimento. Seu nome era Manuel Cardoso de Mendonça Figueira de Azevedo, mas o nome da mãe foi tratado como um segredo mortal, e Maria José nunca saberia quem lhe dera à luz. Até morrer, muitos anos depois, supunha-se que fosse alguém próximo e importante, que não poderia assumir seu nascimento por algum impedimento sério.

Seria uma dama casada? Uma freira? Uma parente muito próxima? Ela sabia apenas que seu pai fora, reconhecidamente, um sedutor.

A menina, adotada pelo sacerdote e parente, foi educada em conventos, saindo para casar-se com um noivo arranjado. Ao conhecer aquele que o Cônego João escolhera para entregar sua mão, soube que se chamava Joaquim José de Mendonça Cardoso, nascido no Porto, e que era seu primo.

Corria na família o segredo partilhado de que Joaquim José era filho natural do Cônego João com uma prima já falecida. A família, como se vê, tecia e mantinha uma rede de proteção em torno dos rebentos nascidos do lado avesso dos lençóis, como se falava na época.

Casados e vivendo em Lisboa, Maria José e Joaquim José tiveram dois filhos: Joaquim José e Antônia Margarida. Alguns anos depois, a família veio para o Rio de Janeiro, onde Joaquim José (o marido, não o filho) assumiria o posto de Intendente do Ouro no Brasil.

Infortunadamente, logo em seguida uma epidemia levou Joaquim José para o túmulo, deixando Maria José viúva e rica. Pensando no que faria a seguir, ela resolveu que não voltaria a Portugal. Estava com cinquenta anos. Procuraria uma quinta bonita para viver, em um lugar alto e fresco, e ficaria com seus filhos por ali. Talvez um novo marido também fosse uma boa providência.

Maria José e Bento foram apresentados em um jantar no Rio Comprido, na casa de um ministro do Império. Ela era mais velha do que ele, mas Maria Thereza também o fora. Era uma mulher simpática, de coração generoso e com uma riqueza considerável. Bento conhecia sua história, pois a corte servia para isso, e nada havia de errado. Ela fora educada e protegida, e isso bastava a todos.

O casal se aproximou de maneira respeitosa. Eram pessoas maduras, com compromissos – os dele, profissionais, e os dela como mãe e viúva. Bento e Maria José contrataram casamento e ele lhe sugeriu que investisse uma certa quantia de dinheiro na Quinta do Livramento, que ora pertencia à filha de um casal de amigos falecidos. A garantia de pagamento seria a própria quinta; uma propriedade extraordinária e que cumpria todos os requisitos para ali viverem depois de casados.

Assim, em 25 de novembro de 1826, a capela da Quinta do Livramento foi decorada com fitas e flores por Anna Thereza e Maria, a órfã açoriana agregada da casa. Nesse dia, o Brigadeiro, Senador e Ministro do Império Bento Barroso Pereira, solteiro e contando quarenta e um anos, casou-se com a viúva Maria José Mendonça, que contava cinquenta e três. Anna Thereza foi a testemunha, juntamente ao Sargento-Mor Pedro Francisco Guerreiro Drago, amigo do noivo.

Francisco José Machado, o pai de Machado, contava vinte anos no dia do casamento de D. Maria José com o Ministro Bento Barroso do Amaral. Maria, a mãe de Machado, catorze. Ele já era pintor e dourador profissional, vivendo de seu trabalho. Maria era uma agregada da Casa Velha. Na hierarquia da pobreza, ele estava acima dela.

Naquele tempo, o nome era apenas Maria. D. Paula contou-me que ela era bela, com olhos azuis risonhos e uma voz bonita, que usava para cantar, enquanto costurava e bordava o que fosse necessário para a casa. Provavelmente Francisco José a achava bonita, mas ela era uma agregada da Casa Velha, protegida de D. Anna Thereza.

O filho de D. Maria José também notou a beleza de Maria. Ele era o Alferes Joaquim José, e passou a viver na quinta a partir do casamento da mãe. Maria também o achou bonito. Garboso, no uniforme. Eles trocaram olhares, e ela provavelmente não notou a presença de Francisco José, o pintor e dourador.

Além dos filhos de Maria José, o irmão de Bento e sua recém-esposa, D. Paula, passaram a viver na Casa Velha, enchendo-a de conversas na varanda e na mesa de jantar. Foi uma boa mudança, pensavam todos. A casa encheu-se.

Em fevereiro de 1827, poucos meses após o casamento, foi assinado o trato de Bento Barroso do Amaral com Anna Thereza Angélica Cunha e Sousa. Ele lhe pagou 24 contos de réis – uma quantia irrisória – e ela lhe passou a propriedade do Livramento com tudo o que continha, resguardando o usufruto para si mesma. Seis meses depois Anna Thereza faleceu, e não houve quem não lamentasse. Maria chorou copiosamente, por dias e noites, mas agora tinha uma nova protetora: a senhora do Livramento.

Alguns terrenos nos arredores do morro foram deixados para parentes distantes de Anna Thereza, mas a propriedade principal era de Bento e de Maria José. A quinta passou a ser chamada de Chácara do Livramento, dali em diante. Todos os agregados foram mantidos em suas casas e ofícios.

※

Maria José e Bento formavam um casal exemplar. Ela administrava a chácara, e ele seguia com sua carreira na corte. Recebiam hóspedes de outras províncias brasileiras, e também de Portugal. A nova proprietária organizava almoços e jantares, e os quartos e salões do casarão antigo brilhavam, tanto sob a luz refletida pelo sol como pela dos candelabros, com muitas e muitas velas acesas em jantares festivos.

Maria José não gostava de participar da vida de teatros, óperas e saraus da corte. Sua infância entre os muros de um convento dera-lhe uma personalidade que melhor se adequava à posição de madre superiora. Era severa nos deveres – os próprios e os alheios –, zelosa do bem-estar de familiares, hóspedes, agregados e escravos, e uma esposa devotada. Sua chácara era seu reino; a corte era de outros.

A cozinha da casa funcionava com carnes, leite e queijos produzidos na propriedade. A horta e o pomar serviam a mesa durante todo o ano, com a entrega quinzenal de carroças abarrotadas. A capela recebia a visita mensal de um vigário que batizava, casava e rezava as missas. Aos sábados, no final da tarde, havia o Terço pelas Almas. Todos os moradores da chácara participavam. Havia organização, ritmo, abundância. Uma vida esplêndida.

A filha de Maria José, Antônia Margarida, logo foi casada com Joaquim Alberto, um rapaz respeitável que trabalhava no Paço Imperial e era filho de uma família com fazendas de café em Paty dos Alferes. O novo casal estabeleceu-se no Cosme Velho, frequentando a vida social da corte, e a vida seguiu seu curso.

❧

E Maria? D. Maria José se tomou de amores pela pequena órfã açoriana, reconhecendo seu temperamento doce e alegre, e a delicadeza de seu ponto na costura e no bordado. Logo tornou-se sua protetora, passando a chamá-la de Maria Leopoldina, em homenagem à primeira imperatriz brasileira. O novo nome foi imediatamente incorporado por todos da casa. A protetora também lhe ensinou o que sabia dos bordados aprendidos no convento onde crescera, incentivando-a a aprender o mais que pudesse. A profissão de bordadeira e costureira era digna e sempre necessária.

A beleza de Maria, agora Maria Leopoldina, não passava despercebida. Assim como o filho de Maria José, um primo de Bento – viúvo, idoso e sofrendo de gota – escrevera ao casal como pretendente à mão da pequena açoriana. A menina estava com catorze anos; uma idade ótima para o casamento.

Maria José falou com Estevão, o pai da menina, acerca do pedido. Avisou-lhe de que não permitiria, e ponto final. Ela, Maria José, lhe arranjaria um casamento melhor. Com algum funcionário do paço, por exemplo. Seu genro Joaquim poderia cuidar disso.

Estevão foi forçado a concordar, embora provavelmente preferisse um genro velho e rico. De qualquer forma, falou com o padre da Igreja da Lampadosa e pediu-lhe que deixasse escrito que a menina estava prometida ao velho, marcando um casamento para dali a um ano, mais ou menos. Tudo podia mudar, pensou ele. A viúva podia ir embora para Portugal antes disso, desamparando Maria de um bom casamento, com uma viuvez certa e tranquila.

Apesar de seus zelos pela pequena agregada, nos meses seguintes D. Maria José assistiu à corte velada que seu próprio filho fazia à protegida. Ela gostava de Maria Leopoldina, mas, certamente, escolheria um casamento mais vantajoso para Joaquim José. A menina era linda, meiga, alegre e educada, mas era uma pobre imigrante; uma agregada. Nunca poderia ser sua nora.

O Alferes Joaquim José foi providencialmente mandado para o Grão-Pará. Até que voltasse, D. Maria José e o marido teriam encontrado alguma moça, de família tão boa quanto a do genro Joaquim, casando o rapaz assim que possível. E arranjando um bom noivado para Maria Leopoldina, é claro.

Ocorre que, passado um ano, Joaquim José foi enviado para casa por apresentar sinais de loucura. Falava com soldados que somente ele via e ouvia. Gritava ordens ao espaço vazio da sala de estar. Não reconhecia pessoas conhecidas. Tinha pavores noturnos que despertavam a todos, e era cada vez mais difícil lidar com ele.

Maria José teve de reconhecer que seu próprio filho não era um partido adequado para nenhuma moça; nem mesmo para uma agregada. Era insano, provavelmente porque ela e o falecido marido eram primos. Ou porque o pecado de seus pais recaíra sobre a descendência. Quem saberia dizer?

Maria Leopoldina, por seu lado, amava Joaquim José. A seu ver, tanto fazia esperar por um casamento impossível ou cuidar de seus desvarios. Ela o amava, e fim. Queria ser sua esposa, mas era certo que sua patroa e protetora nunca permitiria. Por isso, resolveu que ficaria solteira. Cuidaria de seu amor demente e da mãe dele. Quando fosse mais velha e estivesse sozinha, bordaria e costuraria para ganhar seu sustento.

A cada mês tudo parecia piorar um pouco, e assim os anos foram se passando. De início preso ao quarto, o rapaz passou a viver em uma casa anexa, com grades fortes como as da senzala, e com vigias que o atendiam dia e noite. Seus gritos varavam madrugadas, e todos detestavam as noites de lua cheia, nas quais parecia ainda mais alerta e incomodado.

Então, quando Maria Leopoldina já era uma moça de vinte e quatro anos, o Brigadeiro, Ministro e Senador Bento faleceu de repente, de apoplexia, enquanto participava de uma cerimônia em Niterói. A casa ficou vazia e triste, pois todos (menos o insano, é claro) foram para aquela cidade, a fim de velar e enterrar o dono da casa. Maria Leopoldina fazia parte do cortejo familiar.

Ao retornarem, Maria José teve uma conversa com a agregada e protegida. Disse-lhe que era hora de casar-se com algum moço direito, trabalhador, que cuidasse de seu futuro. Ela própria já era uma mulher velha, viúva duas vezes, contando mais de sessenta anos. Antônia estava casada e era mãe de uma menina, mas Joaquim José era a dor de sua vida, e todos sabiam que morreria insano.

Então, que Maria Leopoldina pensasse bem. Assim como o Brigadeiro se fora de repente, ela, Maria José, também podia ir-se. E o que seria dela? Sem marido, com as irmãs vivendo ao redor do Livramento, já casadas com bons homens e com filhos nos braços, enquanto ela estava ali, bordando e conversando com uma velha que era mãe de um louco. O futuro existia, e ela queria ver sua protegida amparada.

Maria Leopoldina não respondeu, mas sabia que sua protetora estava certa. Já estava ficando velha demais para o casamento e para a maternidade. Mentalmente, varreu a memória em busca de suas possibilidades, sem encontrar ninguém.

Ocorre que o Padre José Francisco, ao ir à chácara para rezar uma missa pela alma do falecido, recebeu o pedido de Maria José para que encontrasse um marido para Maria Leopoldina. O Padre tinha apreço por Francisco José, o pintor e dourador, que era aparentado pelo lado avesso dos lençóis com a família dos antigos donos daquela propriedade. Não se entrou em detalhes quanto ao grau de parentesco, mas Maria José conhecia o pintor e sabia que ele era trabalhador. Ficou de conversar com sua pupila.

E assim as coisas se arranjaram, ainda que lentamente.

Conheci Machado em um final de tarde, logo após nossa chegada ao Rio de Janeiro. Entrei na sala onde ele, Cibrão e D. Rita de Cássia conversavam com Faustino. Este, ainda que com um certo brilho no olhar, estava silencioso, apoiado na bengala. Desde minha chegada, ainda não o vira mexer-se sem ela. Dizia sofrer de tonturas, mas acho que era fraqueza. Não comia praticamente nada, e tampouco dormia mais do que breves duas horas, a despeito das gotas receitadas pelo Dr. Gomes Netto.

A manhã daquele dia fora calma e fresca, e Faustino estava em um de seus poucos dias bons. Aceitara sentar-se no banco embaixo das buganvílias floridas, e aceitara chá. Lembro-me de que eu me sentia bonita, naquela tarde em particular, mesmo ainda vestindo o luto por mamãe.

Machado estava sentado em uma cadeira colocada ao lado do divã de meu irmão. Quando entrei na sala, logo vi seus olhos. Fitei-o, talvez levando alguns segundos a mais para baixar meus próprios olhos, como deve ser. Vi que os dele denotavam admiração contida, mas clara. Ele também me achava bonita naquela tarde.

Logo fomos apresentados. Faustino, naqueles dias, já falava em um tom tão baixo e fraco que por vezes era difícil de entender. Mas entendi. "Este é meu amigo Machado. Poeta. Periodista".

Poeta. Testa ampla e alta, com um tom bronzeado na pele. Um bigode com poucos fios, negros e lisos. Cabeleira também negra, levemente ondulada e penteada para trás. Corpo magro, com mãos longas e dedos finos. Enquanto servia o chá e entregava as chávenas, olhei tudo e guardei os detalhes na memória, como faço desde menina. Também notei que ele era um pouco gago.

A conversa girava sobre as novidades da corte. Parece que o Imperador e o marido da Princesa herdeira não se entendiam bem, e por isso muitos achavam que o casal fixaria residência na França. Machado e Cibrão, por sua vez, opinavam que a princesa nunca faria isso com o pai, pois era a herdeira do trono.

Comentei algo, e foi o que bastou para que Machado elogiasse meu acento português. Baixei os olhos e fiquei séria, assim como Faustino. Não me parecia ter-lhe dado liberdade para elogiar-me logo após nos conhecermos, mas eu podia ter feito algo impróprio, sem dar-me conta.

Nunca se sabe. Naquele tempo, eu sofria muito com o que se passara no Porto. Não queria ser uma "moça falada" também no Brasil.

Assim, intimamente agitada, resolvi que bastava. Não respondi nada e pedi licença para sair da sala, ao que os dois visitantes se levantaram, educadamente. Fora, respirei e tomei um copo de água com açúcar. Só retornei quando eles haviam partido, já mais calma.

Faustino estava cansado. Cheguei próxima e pus a mão em sua testa. Não estava fresca. Os olhos, encovados e escuros, me fitaram sérios. Faustino parecia um homem muito velho. Tive pena, mais uma vez, e ele deve ter notado. Afastou minha mão devagar e disse:

– Mamãe esteve a tarde inteira aqui.

– Que bom, meu irmão – respondi-lhe. *Afofei os travesseiros, tirei uma linha invisível da coberta sobre suas pernas e servi-lhe algumas gotas no copo com água que estava na mesa ao lado. Logo ele descansaria um pouco, e depois eu tentaria dar-lhe algumas colheradas de sopa. Uma sopa rala e morna era o máximo que conseguia engolir.*

Sentei-me na beirada do divã e segurei uma mão de meu irmão, preparando-me para velar seu breve sono. Mas Faustino abriu os olhos e disse:

– Mamãe mandou dizer-lhe que se case com o preto.

Não ligava para os espíritos que meu irmão dizia ver. Muita gente, naquela época, fazia isso. Era moda. Os franceses haviam começado com aquilo, depois do livro de Allan Kardec, e a coisa espalhara-se pela Europa toda – além da corte brasileira, é claro. Eu simplesmente não conseguia acreditar, dando desculpas quando era convidada para uma "mesa".

Faustino dizia ver vários espíritos. Mamãe era um dos frequentes. Até aquela tarde, não acreditava que pudesse haver algo real no que ele falava. Respondi-lhe, então, mais rapidamente do que desejava:

– Que preto?

– Machadinho.

– Então diga a ela que ele não é preto. E que não vou me casar nunca. Todos sabem disso.

– Ele é pardo. E quer você.

Depois disso, Faustino fechou os olhos e mergulhou em seus silêncios profundos. Fiquei escutando o relógio, os passos pela casa, o grito de um pássaro indo para o ninho no final de tarde. Olhei em volta. A sala era bonita e fresca, como, de resto, a casa toda.

Não vi nada além do que havia. Móveis delicados e requintados. Cortinas e tapetes. Bibelôs e castiçais. Um piano.

Nenhuma luz. Nenhuma pessoa.

Quando eu ainda era menina, Maria das Dores, nossa velha criada, falava de espíritos enquanto mexia em seus tachos. As tardes de inverno eram longas, e ela não se importava com minha presença em sua cozinha, contando-me histórias de sua infância em um pequeno vilarejo com poucas almas. Ela dizia que lá havia uma mulher andando pela estrada, nas noites de lua cheia. Poucos a viam, mas ela, Maria, sempre a enxergara perfeitamente. Dizia ela.

Quando alguém morria, das Dores dizia ser possível perceber a alma escapando por entre os lábios. Era como uma fumaça, clara ou mais escura, dependendo da pessoa. Ou radiante, como ela vira uma vez. Só uma.

É claro que seus relatos me fascinavam, mas meu medo fazia com que raciocinasse. Era impressão dela. Ou imaginação. Ou era uma cópia de outras histórias que haviam lhe contado.

Enfim: até mamãe morrer, nunca acreditei nessa fumaça. Até percebê-la eu mesma e ficar estarrecida, sem saber o que fazer ou dizer.

Então, finalmente, perguntei-me. O que mamãe diria, de verdade, sobre o homem que eu conhecera naquela tarde? O mesmo que Faustino dissera? Eu não sabia.

Francisco José e Maria Leopoldina casaram-se em junho de 1838, quando a noiva contava vinte e seis anos de idade. O casal estabeleceu-se nas imediações da Casa Velha, na Rua Nova do Livramento, número 131, ocupando uma casa que fora parte da propriedade loteada na época de Anna Thereza. Maria Leopoldina seguiria costurando, bordando e passando seus dias com sua protetora, enquanto Francisco José seguiria com seu ofício, nas igrejas ou casarões que o contratassem.

As irmãs de Maria Leopoldina não gostavam de Francisco José. Ambas haviam casado com açorianos, e não queriam ver a irmã unida a um pardo brasileiro. Francisco José, por sua vez, não gostava da família de Maria Leopoldina. Eram todos muito empinados, só por serem brancos e de outro lugar. Tampouco gostava de dividir Maria Leopoldina com a Casa Velha, ou com D. Maria José. Na verdade, ela vivia a vida de sua protetora e de D. Paula, com seus fricotes e rapapés. Ele preferia que fossem viver no centro da cidade, e também queria ter e criar seus filhos longe da influência da dona da chácara.

O filho mais velho de Maria Leopoldina e Francisco José foi chamado de Joaquim Maria Machado de Assis. Era um bom nome, que estaria bem em qualquer lugar. O menino nasceu no dia 21 de junho de 1839, solstício de inverno do hemisfério sul, e três dias após os pais completarem um ano de casados. D. Maria José foi convidada a ser madrinha, e o batizado foi marcado para dali a seis meses, como o de qualquer criança abastada, ainda que ele não o fosse. Francisco José não gostou nada daquele costume de ricos, mas não pôde fazer nada. A viúva era realmente a dona de tudo e de todos. Principalmente de Maria Leopoldina.

Naquela época e por esses lados brasileiros, havia o costume de batizar-se logo após o nascimento somente as crianças doentes ou de pais pobres, já que a morte vinha mais facilmente na pobreza. Crianças abastadas esperavam pelo batismo até os seis meses, pelo menos. O filho de Maria Leopoldina foi tratado pela viúva como qualquer criança que nascesse naquela casa, ainda que tivesse nascido na casinha pobre de seus pais, na subida do morro. O padrinho foi escolhido por D. Maria José. Era seu genro, Joaquim Alberto de Sousa da Silveira, e assim o menino foi batizado tendo os nomes dos padrinhos – Joaquim e Maria –, como era de praxe.

O tempo passou. D. Paula também gerara dois meninos, que regulavam em idade com Joaquim Maria, e os três eram educados juntos. Joaquim lia desde os quatro anos, demonstrando uma inteligência precoce, e ela tomou-se de amores pelo menino, que também a adorava.

Francisco José via seu filho à noite. Era apenas o filho de um pintor e de uma agregada, mas estava recebendo a educação de uma criança rica. Maria Leopoldina queria isso; ele não. Ele falava, ela escutava com os olhos baixos e não respondia nada. Assim o tempo passava e Joaquim Maria crescia, exatamente como a mãe e a madrinha desejavam.

Seis meses após minha chegada ao Rio de Janeiro, recebi a notícia da morte de papai. Esperei dois dias para contar a Faustino, pois não sabia como ele reagiria.

Reagiu mal. Chorou, depois tornou-se alheio. Olhava-me, mas não me via. Depois chorou novamente, e assim foi por toda aquela tarde, até começar a agitar-se. Tentei acalmá-lo, mas não conseguia alcançá-lo. D. Rita de Cássia mandou buscar o médico. Quase em seguida, Machadinho e Cibrão apareceram para uma visita.

Meu pobre irmão. Juntos, conseguimos acalmá-lo um pouco. Quando o médico chegou, aplicou-lhe uma injeção que fez seu corpo amolecer em seguida, e assim pudemos deitá-lo. Os criados carregaram-no para o quarto, onde ficou por vários dias, dormindo quase todo o tempo. Quando acordava, estava atordoado. Reconhecia-me, mas não se comunicava.

Cansada e assustada com minha responsabilidade, escrevi uma longa carta a Miguel. Além dos problemas de saúde de nosso irmão, ainda havia o de moradia. Não podíamos mais abusar da hospitalidade de nossa amiga e protetora. Não era certo. Precisávamos de uma casa só para nós.

No paquete seguinte, Miguel respondeu-me que estava quitando seus negócios e nossa casa, e que viria com Adelaide para o Brasil. No paquete anterior já havia recebido uma carta de Emília, contando que viria de mudança para o Recife, na Província de Pernambuco. Arthur Aureliano, nosso cunhado, assumiria um posto no consulado português daquela cidade.

Então, de repente, o Brasil seria o país dos Xavier de Novaes...

Meus irmãos ficariam surpresos com muitas coisas. Muitas, mesmo. Mas a surpresa maior, tenho certeza, seria encontrar-me comprometida, ainda que secretamente, com Machado.

Eu e Machado vivíamos um namoro discreto e muito desafiador para ambas as partes. Encontrávamo-nos junto aos demais, no salão que era o palco do famoso Grêmio Literário Português. Além de sermos discretos por nossa natureza, ainda caprichávamos nesse item, a fim de não sermos descobertos. Meu medo era tornar-me falada. Machado seguia meu ritmo.

Fora o Grêmio, que era quinzenal, às vezes ele era convidado para um pequeno jantar; ou vinha com algum amigo para "ver Faustino". Então, aproveitávamos para ter alguns minutos a sós, em um canto do salão ou dos jardins, discretamente afastados. D. Rita de Cássia ajudava-nos, distraindo quem estivesse por perto. Ela foi nossa protetora desde o início.

Mas o mais importante de tudo é que escrevíamos cartas diárias um ao outro. De início, elas eram leves, inteligentes, com troca de ideias sobre diversos assuntos. Com o tempo, comecei a abrir meu coração e a deixá-lo espiar. Meus problemas com a família. A melancolia de mamãe, e o mal que a levara depois. Minha desilusão com Edgar. Principalmente isso.

Machado, por sua vez, escreveu sobre a Casa Velha do Livramento e seus habitantes. Sobre as histórias murmuradas pelos corredores, a respeito de filhos naturais. Como seus avós, ou como a antiga dona da quinta onde ele era o filho de uma agregada açoriana com um pardo.

Contou-me sobre o pai, que não o aceitava como poeta e que morrera há pouco tempo. Das saudades que sentia da mãe, morta em sua infância. Da dificuldade em dar conta de tudo o que fazia, escrevendo, traduzindo e trabalhando na Tipografia Nacional. De sua vontade de subir na vida por seu esforço.

Tínhamos tanto a falar sobre tudo e todos, que eu simplesmente não podia acreditar. Se confiasse em minha intuição, ali estava o que os gregos chamavam de alma gêmea. Machado era a minha.

Eu acreditava e duvidava, ao mesmo tempo.

•◆•

Segundo o mito grego narrado por Aristófanes, no início dos tempos os seres nasciam homens, mulheres ou uma junção destes dois: os andróginos. Estes últimos possuíam quatro pernas e braços, uma só cabeça e duas faces, viradas para lados opostos. Detendo um poder imenso, um dia quiseram igualar-se aos deuses, mas Zeus cortou-os na metade, tirando-lhes toda a força. Eles morreram de fome e desespero.

Zeus teve pena de seu próprio castigo e voltou atrás. Então, virou as partes reprodutoras de cada metade para o mesmo lado de suas faces, a fim de que elas pudessem encontrar o que lhes fora retirado antes. Desde aí, cada qual começou a procurar por sua outra parte, a fim de abraçar o que lhes faltava.

Platão apresentou o mito em O Banquete, *explicando o que é o amor. Sou platônica. Em nossa época espiritualista, Allan Kardec nega veementemente esta teoria, mas prefiro os gregos a ele. Almas gêmeas existem.*

Por isso, meus irmãos não tinham nenhuma chance de separar-me de Machado. Apenas ele próprio poderia fazer isso, se assim o quisesse.

E isso era o que eu mais temia.

1845 foi o ano no qual uma grande epidemia de sarampo dizimou bebês, crianças e adultos no Rio de Janeiro. Mesmo aqueles que viviam em locais mais afastados do centro insalubre da cidade sofreram com a doença ou com suas sequelas. Alguns ficaram cegos ou surdos, apesar de curados. Muitos morreram. Poucos saíram ilesos.

As crianças de Maria Leopoldina caíram doentes. Joaquim Maria contava seis anos; Maria, quatro. Em Joaquim, o sarampo evoluiu para uma infecção cerebral. O menino quase morreu, entrando e saindo de convulsões.

Maria faleceu de pneumonia nos braços da mãe, no início de julho. O pequeno caixão seguiu para a Igreja de Santa Rita, em cujo cemitério foi enterrado. Maria Leopoldina voltou para casa e ali retomou os cuidados para com Joaquim. Ele estava melhor, mas tivera outra convulsão naquela noite. O médico temia que o sarampo tivesse afetado seu cérebro permanentemente.

D. Maria José não se lembrava de ter tido aquela doença em Portugal. Na Casa Velha alguns adultos adoeceram, e ela foi um deles. Seu sofrimento foi intenso, e ela faleceu de pneumonia no início de outubro. O corpo seguiu em um coche fechado até o Convento dos Religiosos de Santo Antônio.

Joaquim Maria por fim superou a doença, mas Maria Leopoldina nunca mais se recuperou das perdas de sua menina e de sua protetora. Joaquim José, seu grande amor, seguia gritando e sofrendo, e Francisco José, o marido, seguia em sua vida normal. Quanto a ela, agora tinha apenas o filho Joaquim para preencher seus dias e seu afeto, e agarrou-se ferozmente a ele.

Já curado, Joaquim seguiu indo à Casa Velha para ter aulas com D. Paula, agora a senhora. Era ela a inventariante dos bens de D. Maria José, administrando a chácara tão bem quanto sua antecessora. A casa estava sob seu domínio; como de resto já estivera nos últimos tempos.

Então, Maria Leopoldina, que não se recuperava de um resfriado, descobriu que sofria de tuberculose. Com a mãe doente, o menino Joaquim foi ficando mais e mais na Casa Velha; até porque os filhos de D. Paula estavam em internatos em Portugal, e ela queria ter uma criança por perto. 1845, como visto, foi mesmo um ano duro, e o mesmo ocorreu no ano seguinte. Doenças e tristezas. 1847 veio, e levou Joaquim José, o filho de sua falecida madrinha, para o túmulo. O primeiro amor de Maria Leopoldina. Anos duros.

O menino Joaquim, mais do que nunca, tornou-se o xodó de D. Paula. Ela o ensinou a declamar a *Canção do Exílio*, e pediu ao Padre da Igreja da Lampadosa que o aceitasse como ajudante nas missas, a fim de que aprendesse algum latim. Esta era uma boa maneira de aprender e não fazia nenhum mal – pelo contrário. Ela também lhe ensinava o catecismo e o francês, estimulada com sua facilidade em aprender.

Maria Leopoldina sentia-se feliz ao ver o filho ser educado e apreciado, mas seu marido seguia não gostando nem um pouco daquela mania de criarem o menino botando-lhe ideias na cabeça. Joaquim tinha de aprender um ofício e começar a trabalhar. A vida de um homem pobre e digno era essa.

Anos antes, Francisco José matriculara Joaquim na escola pública municipal que ficava ao pé do Livramento, a fim de que o menino tivesse uma instrução mais de acordo com a vida que teria quando adulto. Não queria um filho padre, falando francês e dependendo de D. Paula e de seus filhos. Daquela vez, Maria Leopoldina não teve voz, e D. Paula também não, mas isso fora antes da epidemia de sarampo.

Depois de 1845, D. Paula e Maria Leopoldina fecharam questão. Estava tudo resolvido entre elas. O menino estudaria o que pudesse com D. Paula e o Padre. E mais tarde aprenderia um ofício. Mais tarde.

Não houve mais tarde. Maria Leopoldina Machado de Assis faleceu em 11 de outubro de 1849. Seu menino Joaquim estava com dez anos; ela, com trinta e sete. Uma missa na capela da Chácara do Livramento encomendou sua alma a Deus, sendo o corpo transportado em cortejo fúnebre até o Convento dos Religiosos de Santo Antônio.

Joaquim, ao lado de D. Paula e do pai, viu a mãe ser enterrada dentro da igreja, em um túmulo ao lado do de sua madrinha, D. Maria José. Como uma filha da casa.

Logo após enviuvar, Francisco José mudou-se da casinha da Rua do Livramento. Conhecia um vigário no subúrbio de São Francisco Xavier, e foi para aqueles lados. Acho que pensou que era longe o bastante de D. Paula. Lá, conheceu uma parda bonita, chamada Maria Inês da Silva. Ela era jovem, risonha e doce; exatamente como ele necessitava. Alguns anos mais tarde ele se casaria com Maria Inês em um dia de junho, mas, nos primeiros tempos, eles eram amasiados. Ela adorava o menino órfão e o adotou verdadeiramente, pois sabia que nunca teria filhos de seu próprio ventre. Joaquim era de seu coração.

Foi Maria Inês quem encontrou um sobrado para alugar em São Cristóvão, na Rua São Luís Gonzaga. Francisco José andava adoentado, cansado. O médico diagnosticara que seu coração estava aumentado, recomendando pouco esforço físico. Além disso, o menino Joaquim aproveitava-se da lonjura de São Francisco Xavier para sumir no centro da cidade, seguindo escritores e artistas. Ele ia para lá e não voltava, causando preocupações e brigas com o pai.

Uma casa fora do subúrbio em que estavam seria o ideal. Eles viveriam melhor em São Cristóvão, todos juntos. Ela conseguiria, se Deus quisesse, unir pai e filho. E, próximo ao sobrado, havia um colégio de meninas ricas: o das Menezes. Maria Inês ofereceria seus doces às donas, duas irmãs, duvidando que não se tornassem suas freguesas certas. E ainda conseguiria uma maneira do menino estudar, nem que fosse escondido.

Corria 1854, e os três mudaram-se para São Cristóvão. No início, Machado vendia os doces de Maria Inês em uma cesta, pelas ruas. Percorria a Rua Direita, a do Ouvidor, a da Quitanda e a dos Ourives, o Passeio Público, o Largo do Paço, a Matacavalos e a Aclamação. O centro da cidade era maravilhoso, e ele voltava à casa do pai cada vez mais espaçadamente, ainda que agora estivesse a poucas quadras de distância. Ficava em algum canto da tipografia de Paula Brito, aproveitando para aprender tudo o que pudesse com quem estivesse por perto, lendo tudo o que visse impresso e escrevendo seus poemas e textos curtos, que chamava de páginas íntimas.

Ao contrário das esperanças paternas quanto à aprendizagem de um ofício tradicional, aos treze anos Machado começara a trabalhar como aprendiz de tipógrafo. No mesmo ano publicara seu primeiro poema – *Ela*. No ano seguinte, já era colaborador assíduo de *A Marmota Fluminense*, um periódico bem-conceituado. Fundado por Francisco de Paula Brito em 1849, publicava poemas, artigos, traduções e críticas. Foi em torno deste homem que Machado bebeu a compreensão da vida na corte, depois de deixar o Livramento.

Como o próprio Machado, Paula Brito era pardo. Escrevia, traduzia e era o dono de uma impressora – a maior da corte –, editando livros e jornais. Ao fundar *A Marmota*, já era respeitado. Por volta de 1854, quando faleceu, sua loja e editora, na Praça da Constituição, empregava sessenta homens: nove franceses, cinco portugueses e quarenta e seis brasileiros. Um deles era o jovem Machado.

Ela

A meu primo João G. de Carvalho

Seus olhos que brilham tanto,
Que prendem tão doce encanto,
Que prendem um casto amor
Onde com rara beleza,
Se esmerou a natureza
Com meiguice e com primor

Suas faces purpurinas
De rubras cores divinas
De mago brilho e condão;
Meigas faces que harmonia
Inspira em doce poesia
Ao meu terno coração!

Sua boca meiga e breve,
Onde um sorriso de leve
Com doçura se desliza,
Ornando purpúrea cor,
Celestes lábios de amor
Que com neve se harmoniza.

Com sua boca mimosa
Solta voz harmoniosa
Que inspira ardente paixão,
Dos lábios de Querubim
Eu quisera ouvir um -sim-
P'ra alívio do coração!
Vem, ó anjo de candura,
Fazer a dita, a ventura
De minh'alma, sem vigor;
Donzela, vem dar-lhe alento,
"Dá-lhe um suspiro de amor!"

A Marmota Fluminense,
6 de julho de 1855

Capítulo 5

Brasileiros e imigrantes

❖❖

Ao conhecer alguém, pergunto-me qual palavra define aquela pessoa. A minha é "será?".

Será que fiz o certo ao vir para o Brasil? Resposta: não havia outra maneira de livrar-me da vergonha. Será que um dia estarei mais habituada a tudo o que acho estranho aqui? Resposta: possivelmente. Será que terei de aturar Adelaide pelo resto de meus dias? Resposta: não, se puder evitar.

Tenho isso comigo, e creio que sempre terei. A mania de cotejar, de duvidar, de supor que poderia ter feito algo diferente para chegar a outro ponto do caminho. Por isso minha palavra é uma interrogação. Se não o fosse, passaria a ser um futuro dado como certo. Será. Serei.

Eu não poderia... não seria eu mesma.

A palavra de Adelaide é "inveja". A de Miguel é "olho". A de Faustino é "dor". A de mamãe era "escuro", ou "noite". A de papai era "ouro". A de Emília é "meu". A de Henrique é "não". A de Joanna é "sonho". A de Rodrigo é "dinheiro". A de Edgar era "mentira".

A de Machadinho é "quando".

Quando será?

Miguel e sua irmã Adelaide Xavier de Novais chegaram ao Rio de Janeiro no início de 1868. Traziam uma bagagem maior do que a que viera com Carolina, pois carregavam pequenos objetos da casa da família e do estúdio dele no Porto. Quadros, fotografias e daguerreótipos, pincéis, tintas e máquinas. Adelaide carregava roupas de cama em perfeito estado, algumas joias, presentes para os irmãos e, principalmente, para os viscondes de São Mamede. Eles os hospedariam, generosamente, até que alugassem uma casa.

Faustino e Carolina seguiam hospedados com D. Rita de Cássia. Eu já estava no Sul, nessa época, com meus gêmeos e mais um menino, Manuel Afonso, mas depois contarei minha história. Este é o livro de Carolina.

Os viscondes de São Mamede eram a flor da sociedade carioca. Belos, riquíssimos, viajados e bem relacionados, eram a melhor definição de aristocracia para Miguel de Novais. Suas famílias eram aparentadas, e fora Rodrigo quem enviara o dinheiro para que Faustino e Ermelinda viessem para o Brasil, como já falei.

Rodrigo Pereira Felício nascera em 1820, perto da cidade do Porto, em uma pequena vila chamada Carril Branco, que faz parte de São Mamede de Infesta. Era um lugar e uma época de muita pobreza para a família, e ele decidiu que emigraria para o Brasil na primeira oportunidade que se apresentasse. A lenda diz que veio sozinho em um bote à vela, mas não creio que se acreditasse realmente nisso.

A oportunidade de Rodrigo para emigrar foi o convite de um tio-avô, que emigrara paupérrimo e enriquecera no Brasil, criando gado na Província de São Pedro, extremo sul do país. Enriquecera tanto que já possuía, inclusive, uma bela quinta na corte, onde viviam sua esposa e as duas filhas – Maria Lina e Joanna Maria –, a fim de que a riqueza também lhes trouxesse cultura e relacionamentos adequados. O único filho homem era de Deus, destinado à Igreja.

Pois Rodrigo, um rapazote de seus catorze anos, aceitou a oferta de emigrar e de vir trabalhar para o tio. Chegou e fazia tudo que lhe pediam, sob qualquer circunstância, mas o traço mais valorizado foi a seriedade com que escutava os negócios serem tratados. Sem dinheiro e patrocinado pelo parente, logo demonstrou sua utilidade de negociante no trato com os ingleses, exatamente como o tio esperava. Ele fechava negócios, intermediando interesses. Era útil, e estabeleceu uma carreira rápida e rentável que unia, economicamente, Brasil, Portugal e Inglaterra.

Em 1844, o Imperador D. Pedro II concedeu a Rodrigo Pereira Felício o título de Barão, e em seguida o de Visconde de Guaratiba. Títulos brasileiros, evidentemente.

Em 1849, Rodrigo casou-se com Joanna Maria, que contava catorze anos, filha do tio-avô que o trouxera – e, portanto, sua prima em um grau distante. Aos vinte e nove anos, o noivo Rodrigo, que aqui chegara pobre, já era milionário. Ele e Joanna tiveram sete filhos, nos anos que se seguiram.

A família vivia em uma grande e bela propriedade, no alto do bucólico bairro das Laranjeiras. Ali recebiam a nata da sociedade brasileira e europeia, e também Miguel e Adelaide Xavier de Novais, ao chegarem ao Brasil. Deslumbrado, Miguel perguntou a Rodrigo como este fizera fortuna de maneira tão rápida e sólida. A pergunta, ainda que indelicada, deliciara o português vaidoso.

Em princípio, fora uma questão de escolher o lado. O dele, Rodrigo, fora o dos ingleses, que tinham interesses no retorno do padrão ouro ao Brasil. Portugal e Inglaterra eram os dois únicos países do mundo a adotá-lo, após a vitória dos liberalistas na revolução civil portuguesa. O mesmo padrão facilitava enormemente os investimentos, e Portugal era a prova. Ele próprio, Rodrigo, emigrara na época da revolução e sempre estivera do lado do progresso que os ingleses traziam para o mundo. Então, faltava o Brasil retomar este padrão.

A aprovação da Lei dos Entraves brasileira possibilitou o alcance deste objetivo, ainda que trazendo a restrição monetária para o país. Com menos dinheiro circulando, aumentou o número de falências nas casas comerciais – cento e cinco somente no Rio de Janeiro, em 1862 –, e também dificultou a expansão dos bancos nacionais. Hipotecas passaram a não ser pagas, e propriedades que haviam sido utilizadas como garantia de empréstimos foram revendidas. O Brasil sofria uma grande crise.

Aos ingleses, no entanto, a restrição monetária a partir da retomada do padrão ouro possibilitou que operassem em um mercado no qual a conversibilidade da moeda estava de acordo com seus interesses: as estradas de ferro, o setor financeiro e as atividades exportadoras. Digo sempre que detesto ingleses. Eles estragaram Portugal, e seguem fazendo isso aqui. Mas, resumindo a história vitoriosa, associado aos ingleses, Rodrigo tornou-se um banqueiro poderoso, e um benfeitor respeitado pela comunidade luso-brasileira. Só que ele desejava mais do que tudo isso.

Rodrigo desejava muito um título nobiliárquico português. Por mais que intermediasse negócios e fosse reconhecido na corte de D. Luís I, recebendo comendas e graus de cavalaria, ainda precisava de alguma obra de impacto para alcançar seu objetivo. Uma ideia que lhe trouxesse um título legitimamente português.

Pois a ideia foi construir uma nova igreja matriz para sua cidade de origem, doando 12 contos de réis para a obra, em 1864. Ele pediu ao construtor português somente um detalhe: que o templo tivesse duas torres, pois era este o modelo preferido por ele e por Joanna.

Em 1866, Rodrigo e Joanna estavam em um coche em direção a São Mamede de Infesta. Quando a carruagem se aproximou, a nova Igreja Matriz parecia brilhar ao longe, enfeitada para sua primeira missa. O detalhe é que havia somente uma torre.

Dizem que Rodrigo ficou furibundo. Deve ser verdade, pois mandou o cocheiro fazer meia-volta e retornou ao Porto. Nunca entrou na igreja. Sequer chegou perto dela. Doze dias após o rei D. Luís I outorgou-lhe o título de Visconde de São Mamede. Legitimamente português, como ele sonhava. E logo viria o de Conde.

Miguel de Novais pensava no quanto gostaria de ter tido a graça divina de receber, ao nascer, o tino comercial de seu anfitrião. A esposa bonita fora criada como uma flor de estufa, para ser o bibelô de um homem rico. Filhos, ela lhe dera sete. Pronto. A vida perfeita. A viscondessa linda e o visconde banqueiro. Viagens. Cultura. Riqueza.

Nos primeiros dias, entretanto, Miguel aproveitou pouco da maravilhosa hospitalidade. Tantas coisas pareciam acontecer a Faustino e a Carolina que ele não sabia exatamente para onde olhar primeiro.

Faustino estava muito doente. Magro, abatido. Profundamente silencioso, acolheu os dois irmãos com um breve e triste sorriso.

Carolina estava namorando um pardo. Poeta, tradutor, autor teatral e articulista de periódicos.

Adelaide estava aterrada. Miguel estava irritado.

As providências imediatas eram, concomitantemente, tirar aquele namoro da cabeça de Carolina, e encontrar uma casa digna para os quatro irmãos viverem. Os anfitriões – D. Rita de Cássia de um lado, e Rodrigo e Joanna de outro – possuíam imóveis para aluguel, mas a ideia era unir os dois propósitos – isolar Carolina e Faustino da convivência dos intelectuais. Ou de Machado, mais exatamente, porque os anfitriões não se mostravam tão adequados para este isolamento.

Assim, quando alguém ofereceu uma casa em Petrópolis, a ideia atraiu Miguel. Era uma cidade mais fresca, a família imperial e a corte passavam os meses mais quentes do ano ali, a descrição da casa e o preço do aluguel eram condizentes ao desejado. E, o melhor: era longe do Grêmio Literário Português de D. Rita de Cássia. Todos sabiam que ela acobertava o romance de Machado e Carolina desde o princípio.

Naquela época, para chegar a Petrópolis saindo do Rio de Janeiro, tomava-se uma barca no Largo da Prainha e seguia-se até a Guia de Pacobaíba, onde então se embarcava no trem. A estrada de ferro fora aberta por Irineu Evangelista, o Barão de Mauá, amigo e sócio de Rodrigo. Depois, ele se tornou Visconde de Mauá.

Pois bem. A locomotiva *A Baronesa* ia até Raiz da Serra, de onde se seguia até Petrópolis a cavalo – fosse no lombo, em charretes ou em coches e diligências. Era providencial que os viajantes tivessem onde pernoitar, pois a viagem seria uma provação para Faustino.

De fato, o pobre sofreu enormemente com o deslocamento.

Carolina se mostrara calma e composta durante todo o trajeto – aliás, desde que os irmãos haviam chegado, ninguém a ouvira reclamar de nada. Estava ainda mais calada. Não parecia ter qualquer problema em se separar do namorado que ela julgava oculto, mas que todos sabiam existir.

A casa de Petrópolis ficava em uma ladeira íngreme. Era úmida, estreita e alta. Estava vazia há algum tempo, e Adelaide logo era a dona de casa atarefada que sempre fora, mandando as duas criadas limparem e lustrarem tudo, de cima a baixo.

Carolina ajudava em algumas providências, como a organização de armários e as listas de compras, mas seu tempo era praticamente todo dedicado a Faustino. Ela o banhava, penteava, medicava. Cantava baixinho canções da infância e segurava-lhe a mão quando ele chorava ou gritava, saindo de sonhos que o atormentavam.

O médico, Dr. Hilário de Gouvêa, não era otimista quanto à melhora nas condições de Faustino. Ele estava debilitado pelos anos de doença mental. A mudança também poderia piorar tudo. Já o Dr. Gomes Netto foi totalmente a favor da mudança de cidade. Ares novos, disse, seriam muito salutares.

Não foram. Poucos meses depois, a família retornou ao Rio de Janeiro.

Ao contrário do esperado por Miguel e Adelaide, a mudança de cidade não influenciou em nada o relacionamento de Carolina e Machado. Ele subiu a serra algumas vezes, com a desculpa de visitar o amigo Faustino, e as cartas trocadas com Carolina eram praticamente diárias.

Adelaide nunca foi uma pessoa bondosa, mas, ao julgar que a irmã "perdida" no Porto estava querendo se perder novamente no Brasil, ficou furiosa. O que Carolina pensava que era? Invisível? Queria ser assunto novamente?

Faustino parecia a favor do namoro, pois pediu a Adelaide que deixasse Carolina em paz. Ele e Machado eram amigos há anos, mas Miguel considerava que esta amizade não deveria interferir na opinião acerca de um namoro assim escandaloso. Machado era de classe social inferior à deles.

Os dias e noites, no entanto, não deixavam de passar. Carolina cumpria seus cuidados com o irmão mais velho, sempre calma e composta. Não conversava com Miguel além do necessário. Nem olhava para Adelaide, tamanho o abismo que existia entre ambas. E, a cada dia que passava, ela estava mais próxima de Machado, todos sabiam.

Cumpria voltar ao Rio de Janeiro. Mudança, novamente. Desta vez para o lado do mar. O coração de Carolina cantaria, se não fosse pela piora inevitável do irmão.

Petrópolis, 22 de fevereiro.
Boa noite, meu querido.

Como foi o teu dia? O meu foi horrível, pois Adelaide se encarregou disso. Minha irmã infernal. Insuportável.
Sei que tu ficas triste pelas diferenças que temos: tu, tendo perdido tua única irmã tão cedo, e eu com tantos a me atormentar. Juro-te, no entanto, que é impossível viver perto de minha irmã de outra forma.
Adelaide tem a raiva sempre escondida na camada debaixo da blusa. Basta uma brisa para atiçá-la. Os olhos se estreitam. O queixo grande projeta-se ainda mais à frente. As narinas às vezes fremem, com suas abas pálidas. Dependendo de onde estiver, ou de com quem estiver, isso é tudo. O autocontrole é bom.
Mas deixemos de falar mal. Prefiro pensar nela como se fosse uma personagem má de Jane Austen ou de Elliot. E é bom deixar a pena escorregar pela alma humana. É como se os dedos pensassem por nós.
Espero que o dia da mudança para o Rio de Janeiro chegue logo, pois será mais fácil para nós nos vermos. D. Rita de Cássia me escreveu, dando a entender que nossas discretas tardes de chá poderão ser retomadas. Mal posso esperar. Ela é uma boa pessoa e entende nossos corações.
Agora deixo-te, pois o sono me faz bocejar a cada instante.
Beijo-te com carinho.

Sempre tua,
C.

2 de Março.

Minha querida C.

Recebi ontem duas cartas tuas, depois de dois dias de espera. Calcula o prazer que tive, como as li, reli e beijei! A minha tristeza converteu-se em súbita alegria. Eu estava tão aflito por ter notícias tuas que saí do Diário há uma hora para ir à casa, e com efeito encontrei duas cartas, uma das quais devera ter vindo antes, mas que, sem dúvida, por causa do correio foi demorada. Também ontem deves ter recebido duas cartas minhas; uma delas, a que foi escrita no sábado, levei-a no domingo às oito horas ao correio, sem lembrar-me (perdoa-me!) que ao domingo a barca sai às seis horas da manhã. Às quatro horas levei a outra carta e ambas devem ter seguido ontem na barca das duas horas da tarde. Deste modo, não fui só eu quem sofreu com a demora de cartas. Calculo a tua aflição pela minha, e estou que será a última.

Eu já tinha ouvido que o M. alugara a casa das Laranjeiras, mas o que não sabia era que se projetava essa viagem a Juiz de Fora. Creio, como tu, que os ares não fazem nada bem ao F.; mas compreendo também que não é possível dar simplesmente essa razão. No entanto, lembras perfeitamente que a mudança para outra casa cá no Rio seria excelente para todos nós. O F. falou-me nisso uma vez e é quanto basta para que se trate disto. A casa há de encontrar-se, porque empenha-se nisso o meu coração. Creio, porém, que é melhor conversar outra vez com o F. no sábado e ser autorizado positivamente por ele. Ainda assim, temos tempo de sobra; 23 dias; é quanto basta para que o amor faça um milagre, quanto mais isto que não é milagre nenhum.

Vais dizer naturalmente que eu condescendo sempre contigo. Por que não? Sofreste tanto que até perdeste a consciência do teu império; estás pronta a obedecer; admiras-te de seres obedecida. Não te admires, é coisa muito natural; és tão dócil como eu; a razão fala em nós ambos. Pedes-me coisas tão justas, que eu nem teria pretexto de te recusar se quisesse recusar-te alguma coisa, e não quero.

A mudança de Petrópolis para cá é uma necessidade; os ares não fazem bem ao F., e a casa aí é um verdadeiro perigo para quem lá mora. Se estivesses cá, não terias tanto medo dos trovões, tu que ainda não estás bem brasileira, mas que o hás de ser, espero em Deus. Acusas-me de pouco confiante em ti? Tens e não tens razão; confiante sou; mas se te não contei nada é porque não valia a pena contar. A minha história passada do coração resume-se em dois capítulos: um amor, não correspondido; outro, correspondido. Do primeiro nada tenho que dizer; do outro, não me queixo; fui eu mesmo a rompê-lo. Não me acuses por isso; há situações que se não prolongam sem sofrimento. Uma senhora de minha amizade obrigou-me, com seus conselhos, a rasgar a página desse romance sombrio; fi-lo com dor, mas sem remorso. Eis tudo.

A tua pergunta natural é esta: qual destes dois capítulos era o da Corina? Curiosa! Era o primeiro. O que te afirmo é que dos dois o mais amado foi o segundo. Mas nem o primeiro nem o segundo se parecem nada com o terceiro e último capítulo do meu coração. Diz Staël que os primeiros amores não são os mais fortes porque nascem simplesmente da necessidade de amar. Assim é comigo; mas, além dessa, há uma razão capital, e é que tu não te pareces nada com as mulheres vulgares que tenho conhecido. Espírito e coração como os teus são prendas raras; alma tão boa e tão elevada, sensibilidade tão melindrosa, razão tão reta não são bens que a natureza espalhasse às mãos cheias pelo teu sexo. Tu pertences ao pequeno número de mulheres que ainda sabem amar, sentir e pensar. Como te não amaria eu? Além disso tens para mim um dote que realça-os mais: sofreste. É minha ambição dizer à tua grande alma desanimada: "levanta-te, crê e ama; aqui está uma alma que te compreende e te ama também".

A responsabilidade de fazer-te feliz é decerto melindrosa; mas aceito-a com alegria, e estou certo de que saberei desempenhar este agradável encargo.

Olha, querida, também eu tenho pressentimentos acerca da minha felicidade; mas que é isto senão o justo receio de quem não foi ainda completamente feliz?

Obrigado pela flor que me mandaste; dei-lhe dois beijos como se fosse em ti mesma, pois que apesar de seca e sem perfume, trouxe-me ela um pouco de tua alma.

Sábado é o dia de minha ida; faltam poucos dias e estás tão longe! Mas que fazer? A resignação é necessária para quem está à porta do paraíso; não afrontemos o destino que é tão bom conosco.

Volto à questão da casa; manda-me dizer se aprovas o que te disse acima, isto é, se achas melhor conversar outra vez com o F. e ficar autorizado por ele, a fim de não parecer ao M. que eu tomo uma intervenção incompetente nos negócios de sua família. Por ora, precisamos de todas estas precauções. Depois... depois, querida, queimaremos o mundo, porque só é verdadeiramente senhor do mundo quem está acima das nossas glórias fofas e das suas ambições estéreis. Estamos ambos neste caso; amamo-nos; e eu vivo e morro por ti. Escreve-me e crê no coração do teu

Machadinho.

2 de Março.

Minha Carola.

Já a esta hora deves ter em mão a carta que te mandei hoje mesmo, em resposta às duas que ontem recebi. Nela foi explicada a razão de não teres carta no domingo; deves ter recebido duas na segunda-feira.

Queres saber o que fiz no domingo? Trabalhei e estive em casa. Saudades de minha C., tive-as como podes imaginar, e mais ainda, estive aflito, como te contei, por não ter tido cartas tuas durante dois dias. Afirmo-te que foi um dos mais tristes que tenho passado.

Para imaginares a minha aflição, basta ver que cheguei a suspeitar da oposição do F., como te referi numa das minhas últimas cartas. Era mais do que uma injustiça, era uma tolice. Vê lá justamente quando eu estava a criar estes castelos no ar, o bom F. conversava a meu respeito com a A. e parecia aprovar as minhas intenções (perdão, as nossas intenções!). Não era de esperar outra coisa do F; foi sempre amigo meu, amigo verdadeiro, dos poucos que, no meu coração, têm sobrevivido às circunstâncias e ao tempo. Deus lhe conserve os dias e lhe restitua a saúde para assistir à minha e à tua felicidade.

Contou-me hoje o Araújo que, encontrando-se num dos carros que fazem viagem para Botafogo e Laranjeiras, com o Miguel, este lhe dissera que andava procurando casa por ter alugado a outra. Não sei se essa casa que ele procura é só para ele ou se para toda a família. Achei conveniente comunicar-te isto; não sei se já sabes alguma coisa a este respeito. No entanto, espero também a tua resposta ao que te mandei dizer na carta de ontem, relativamente à mudança.

Dizes que, quando lês algum livro, ouves unicamente as minhas palavras, e que eu te apareço em tudo e em toda a parte? É então certo que eu ocupo o teu pensamento e a tua vida? Já mo disseste tanta vez, e eu sempre a perguntar-te a mesma coisa, tamanha me parece esta felicidade. Pois, olha; eu queria que lesses um livro que eu acabei de ler há dias; intitula-se A Família. Hei de comprar um exemplar para lermos em nossa casa como uma espécie de Bíblia Sagrada. É um livro sério, elevado e profundo; a simples leitura dele dá vontade de casar.

Faltam quatro dias; daqui a quatro dias terás lá a melhor carta que eu te poderia mandar, que é a minha própria pessoa, e ao mesmo tempo lerei o melhor ....
....
....
....

Quando Faustino Xavier de Novais chegou ao Brasil, em 1858, ele e Machado tornaram-se amigos. A partir de 1862, Machado começou a escrever para aquela que foi a última aventura do irmão mais velho de Carolina – a revista *O Futuro*. Como já foi dito, a revista faliu poucos meses após. Este fato, aliado ao casamento e separação desastrosos, influenciaram enormemente a doença mental de Faustino. Ele nunca mais se recuperou, mas Machado estava com sua reputação de poeta, crítico e cronista consolidada.

Em 1864, ao morrer de complicações cardíacas, Francisco José de Assis levou para o túmulo o desgosto de ser pai de um intelectual. Machado pagou o caixão e a lápide simples, enterrando-o no Cemitério São João Batista. Despediu-se de Maria Inês, a quem de vez em quando mandava alguns trocados, e seguiu a vida. Trabalhava incansavelmente, além de participar de vários grêmios literários, nos quais introduzia autores que chegavam de fora no círculo dos eleitos das musas. Foi assim com Castro Alves, por exemplo, recém-chegado da Bahia e necessitado de um cicerone na capital do Império.

Em 1866, ao conhecer sua Carola, Machado já era um tradutor competente de francês e inglês, crítico, poeta, autor teatral e membro das sociedades literárias mais respeitadas do Rio de Janeiro. Além de sua vida intelectual, trabalhava como assalariado na Tipografia Nacional, sendo este o ganho destinado à sobrevivência. Dividia um quarto de pensão com o português Francisco Ramos Paz, na Rua da Guarda Velha, e frequentava a casa de outros emigrantes e intelectuais.

Em 1867, quando o namoro com Carolina já existia, Machado passou a trabalhar como ajudante do diretor no *Diário Oficial*, por nomeação do Imperador. Neste mesmo ano, D. Pedro II concedeu-lhe o grau de Cavaleiro da Ordem da Rosa.

Em 1868, Miguel e Adelaide o conheceram como tal. Um intelectual trabalhador, respeitado por seus pares e pela corte.

Por todos esses motivos, os irmãos Novais, recém-chegados e tão esnobes a ponto de desprezarem Machado, não ganharam a simpatia dos amigos que Carolina fizera por aqui. Pelo contrário. Todos protegeram o casal, reconhecendo a injustiça do preconceito.

⁕

Joanna Maria Pereira Felício, a Viscondessa (e depois Condessa) de São Mamede, era uma das amigas de Carolina. Eram dois espíritos diferentes. Joanna era uma flor de estufa, e Carolina, uma violeta nascida entre pedras. Mas eram amigas. Respeitavam-se, confiando no discernimento e na inteligência uma da outra.

Depois de Carolina, chegara Miguel. Joanna sabia que seus olhos inteligentes e brincalhões a seguiam pelas salas. Sabia que ele a admirava. Ela gostava disso. Ele e Rodrigo, seu marido, regulavam de idade, mas enquanto um era artista, o outro era financista; um homem nada brincalhão, e nada interessado em segui-la com o olhar por onde fosse.

Tanto Joanna quanto D. Rita de Cássia sabiam do romance de Carolina com Machado. Ambas também conheciam a família que educara a mãe de Machado, no Livramento. Eram gente de bem, e o poeta era a prova disso. Todos eles conheciam sua história e todos respeitavam a educação e a inteligência do rapaz.

A vida era assim. Machado tivera gente muito boa protegendo-o, e era uma pessoa honesta, trabalhadora e de bom coração. Alguém que merecia cada êxito conquistado, tanto profissional quanto socialmente. E ele merecia o amor de sua Carola.

Carolina não era nenhuma mocinha. Quem iria querê-la?

Ele, Machado. Desde a tarde em que a vira pela primeira vez. Por isso, Rita de Cássia e Joanna torciam por eles. Ajudariam no que fosse preciso. E ela, Joanna, tinha certeza de que eles formariam um casal muito equilibrado e abençoado por Deus.

⁂

Ir aos banhos de mar: essa era a prescrição médica para Faustino, depois do fracasso da vida serrana. Havia a casa, a praia e a ajuda de amigos prestimosos, que reconheciam os benefícios terapêuticos de tal medida. A casa era de Cibrão, na Rua Marquês de Abrantes, em Botafogo, e fora carinhosamente emprestada à família Novais.

Ao chegar ao Rio de Janeiro, em 1808, a corte de D. João VI trouxera alguns hábitos modernos e ousados. Quando os carrapatos atazanavam demais o corpo do Rei, por exemplo, seu médico francês prescrevia-lhe banhos de mar.

Os brasileiros – e mesmo os portugueses que já viviam no novo mundo – achavam graça naquela moda. Viam o coche real chegar o mais perto possível da praia. Depois, viam a liteira do Rei passar das dunas até a beira-mar, carregada por camareiros. Uma banheira de louça branca já fora carregada por outros homens.

Chegando à praia, a água do mar aquecida e guardada em baldes pelos primeiros era despejada na banheira. Os camareiros despiam o Rei até deixá-lo de ceroulas, e ele entrava na banheira cheia. Ficava algum tempo sentado, olhando o mar e esperando que o sal fizesse o tal efeito benéfico de cicatrizar as feridas espalhadas em seu corpo, até que saía e esperava que os camareiros o enxugassem e vestissem.

Naquele início de século, o banho, tanto de mar como de água doce, era raro. As pessoas mais limpas utilizavam um pano embebido em aguardente ou em água-de-colônia, que era passado pelos braços, pernas e axilas uma vez ao dia – ainda utilizando-se as mesmas roupas de baixo. Mensalmente, essas mesmas pessoas banhavam o corpo, mas havia que se ter cuidado para não adoecer com tanta água.

A Europa, entretanto, seguia preconizando banhos de mar como remédio para vários males. E assim, aos poucos, Botafogo passou a ser a praia da elite. Seu acesso fácil era ressaltado por corretores. Havia passeios de bonde até o litoral; mesmo até a distante e inóspita Copacabana. Pessoas abonadas compravam terrenos em Botafogo, construindo os modernos *chalets* – casas grandes, arejadas e construídas em estilo europeu, como a o do português Ernesto Cibrão.

Nascido em Portugal, Cibrão viera para o Brasil sozinho, tal como o Visconde de São Mamede. Com algum dinheiro herdado, jovem e solteiro, queria descobrir os trópicos e fazer uma vida nova, escrevendo seus poemas e peças teatrais, e descobrindo um mundo bem diferente daquele triste e sério Portugal. Para ganhar dinheiro, seria comerciante.

Anos mais tarde, já casado e bem estabelecido na corte, construíra seu *chalet* para uso medicinal, em Botafogo. Servia para passar finais de semana e para os saudáveis banhos de mar, é claro. Foi esta casa que ofereceu à família do amigo Faustino, a fim de que o enfermo pudesse banhar-se.

Miguel ainda resistira em morar na praia. Chegou a procurar outro imóvel para viver sozinho em Laranjeiras, mas desistira logo em seguida. Duas mulheres sozinhas com um homem doente e acamado, naquela distante Praia de Botafogo, não era sensato. Ele era o homem da casa e teria de ficar por lá.

Os mosquitos atazanavam a família toda. Carolina queimava folhas de árvores cheirosas para espantá-los. Passados os meses, começou a queimar outras coisas menos cheirosas, como excremento seco. Tudo para que o irmão melhorasse e ela, Miguel e Adelaide conseguissem dormir ao menos algumas horas.

Convencer Faustino a tomar banhos de mar foi outra questão. Ele ficava nervoso com o ruído das ondas. Por mais que Miguel e os amigos fizessem de tudo para acalmá-lo, ele só queria voltar para casa, chamando por Carola o tempo todo. Era triste.

Após alguns meses de tentativas, como os banhos de mar prescritos não deram nenhum resultado, a família fez mais uma mudança. Esta foi a última. Depois de Petrópolis e Botafogo, os quatro fixaram-se perto das pessoas conhecidas e que poderiam ajudá-los.

Era o final da vida de Faustino, e todos entendiam isso perfeitamente. Ele já não se comunicava, pouco aceitava alimentação e dependia da irmã para absolutamente tudo. Nessas circunstâncias, Carolina não tinha como ir embora, casando-se com Machado.

Faustino Xavier de Novais faleceu em Laranjeiras, na Rua do Ipiranga, número 29, no dia 16 de agosto de 1869.

Capítulo 6

Os noivos

※

Faustino se foi sem notar que partia. Alheio. Tirou-me um grande peso dos ombros. Finalmente, eu poderia cuidar de mim e daquele que tivera a paciência de esperar-me.

Machado. Meu Machadinho.

Logo após a missa de sétimo dia, fui tomar chá com D. Rita de Cássia. Contei-lhe que eu e Machado estávamos prontos a casar, agora que meu irmão se fora. Ela ficou alegre como uma mocinha, ruborizada e batendo as mãozinhas roliças uma na outra. Seria minha madrinha, disse.

Passados dois dias, ela mandou seu cocheiro buscar-me após o almoço, como havíamos combinado. Fui-me para o Rio Comprido. D. Rita de Cássia esperava-me, juntamente com Joanna. Ambas seriam minhas madrinhas e dar-me-iam um enxoval: o vestido de noiva, o véu e os calçados. E a cerimônia de casamento seria na capela particular dos São Mamede, em novembro.

Contagiei-me com a alegria delas. Houve tão pouca em minha vida!

Ali ficou acertado que eu voltaria a morar com D. Rita de Cássia, até o dia do casamento. O alívio de abandonar meus irmãos foi tão grande quanto a alegria de voltar a conviver com minhas caras amigas. Só faltava Ana, que estava no Sul com o marido e os filhos. O tempo e a distância nos isolavam, mas às vezes eu sentia sua falta.

Naquela tarde, D. Rita de Cássia, Joanna e eu fomos à Rua do Ouvidor. Passamos na francesa que trazia todas as novidades de Paris. Encomendamos sapatinhos de cetim e seda brancos, a moda para noivas, desde que Victória da Inglaterra se vestira toda de branco para casar-se.

Branco era pureza e eu não era exatamente pura, mas calei-me. Não seria eu a dizer-lhes. Elas encomendaram o vestido de seda e renda branca mais dispendioso que eu poderia imaginar. E também lingerie francesa, assim como a camisola do dia. Tudo branco como a neve que não há nestes trópicos. Um enxoval pequeno e luxuoso, devidamente guardado na quinta para onde eu me mudaria a seguir.

Cheguei em casa tarde, naquela noite. Jantáramos com os São Mamede; D. Rita de Cássia, Machado e eu. Como uma pequena família.

Miguel não estava em casa, mas Adelaide, sim. Com seu olhar de víbora, sabia que eu estivera com "os nobres", como os chamava. Não lhe disse nada.

Na manhã seguinte, à hora do almoço já estava com minhas coisas arrumadas. O baú que trouxera do Porto com meu enxoval já tinha um outro como companheiro. Eu aproveitara meus muitos momentos tecendo, bordando tapetes, caminhos de mesa e uma bela colcha para a cama que dividiria com Machadinho.

Avisei a meus irmãos que estava de partida para a casa de minha amiga querida, e que lá estaria até meu casamento com Machado. Eu lhes avisaria a data quando soubesse. O coche chegou em seguida, conforme o combinado.

Fui-me para nunca mais voltar.

Quando ela fala

Quando ela fala, parece
Que a voz da brisa se cala;
Talvez um anjo emudece
Quando ela fala.

Meu coração dolorido
As suas mágoas exala,
E volta ao gozo perdido
Quando ela fala.

Pudesse eu eternamente,
Ao lado dela, escutá-la,
Ouvir sua alma inocente
Quando ela fala.

Minha alma, já semimorta,
Conseguiria ao céu alçá-la
Porque o céu abre uma porta
Quando ela fala.

Falenas, 1870

Surpreendentemente, encontrei Emília de Novais em São Pedro de Rio Grande, a cidade na qual ela vivia com a família, depois de terem emigrado de Portugal para a Província de Pernambuco. Estava grande, com uma gravidez avançada, e estava com Lina, a filha mais velha. Emília contou-me dos outros filhos e da vida que ela e Arthur Aureliano levavam, naquele extremo sul do Império.

Paramos para conversar e tomar um chá, pois a ocasião era única e bem-vinda. Estávamos juntas; duas mulheres vindas de longe e há muitos anos sem encontrarem-se. Tínhamos impressões a trocar, histórias sobre pessoas que haviam ficado para trás e que conhecíamos desde a infância, nossas próprias histórias e aquelas de seus irmãos, que estavam no Rio de Janeiro.

Emília contou-me que ela e Arthur saíram de Pernambuco para o sul devido a negócios. Cidade banhada pelo mar, com uma costa contínua e varrida pelos ventos, São Pedro de Rio Grande tinha tudo para se tornar um porto exportador, não fossem as péssimas condições de navegação que a circundavam. Havia correntes e ventos tão fortes que era mais prudente os barcos irem até um atracadouro em uma vila vizinha, sendo depois rebocados com segurança. Arthur viera para a cidade a fim de incrementar a construção de molhes para um futuro grande porto.

A província em que estávamos tinha muita terra fértil, gado e cavalos. A ideia era plantar mais e mais, a fim de exportar, e para isso necessitavam de um bom porto, capaz de absorver os negócios com segurança. Arthur, como tantos outros portugueses, estava ali para intermediar negócios e encontrar a riqueza e a estabilidade que tantos outros buscavam no Brasil. O ídolo era Rodrigo Pereira Felício, é claro.

A ideia de Emília era partir para o Rio de Janeiro assim que desse à luz e estivesse em condições de enfrentar a viagem. Rio Grande era uma boa cidade, mas ela queria estar mais próxima de seus irmãos. Arthur passaria a vida negociando, e precisava ter um pouso na corte, onde estavam as decisões. Então, era isso.

Voltei para casa devagar. Não lhe contara que estava separada de meu marido. Dissera-lhe apenas que ele morava "para fora", como falam por aqui, e que eu estava com as crianças na cidade. Era um arranjo até certo ponto comum.

Tampouco lhe contara que temia estar grávida. Em uma noite de bebedeira, Paulo Afonso me tomara à força. Eu queria ir embora, para um lugar onde ele não me achasse, caso resolvesse procurar-me.

Como Carolina um dia me escreveu, assim são feitas as histórias. De silêncios e de medos escondidos.

※❧❦※

Rio de Janeiro, 22 de novembro de 1869.
Minha querida Ana,

 Espero que esta carta te encontre curada de tuas mazelas. Perder uma criança, dizem, vale tanto quanto dar à luz, esgotando o organismo da mesma forma. Sinto que tenhas de passar por tantas dificuldades aí no Sul, tão longe de tudo e de todos. E de mim, por certo, pois teria muito gosto em cuidar-te e em ajudar com os pequenos. Recebeste os casacos que teci para eles? Espero que sirvam no próximo inverno.
 Mas quero contar-te de meu casamento.
 Foi um sonho. Um sonho de novembro.
 Foi no dia 12 deste mês. A capela dos Condes de São Mamede estava enfeitada com velas e flores brancas. Entrei pelo braço de Miguel. Meu vestido era branco e te envio um retalho da renda que recobria a seda. A mesma renda foi usada no véu, e eu portava uma pequena grinalda, confeccionada com flores de seda e pequeninas pérolas. Tudo muito delicado e de bom gosto. Sapatinhos de cetim e seda completavam o traje, além de um pequeno bouquet, feito com as mesmas flores de laranjeira da grinalda.
 Não lembro de nada em especial da cerimônia. Estava encantada e, ao mesmo tempo, aterrada, pensando que realizava o sonho mais profundo de minha vida.
 Eu venci. Encontrei o amor verdadeiro e não deixei meus irmãos estragarem tudo. Muitas vezes tive medo de que Machadinho não resistisse – até porque é um rapaz assediado, tenho certeza. Muitas vezes julguei que seria mais fácil eu mesma de-

sistir, tamanha a oposição que meus irmãos nos faziam. E eu não poderei dar-lhe filhos, pois já estou com mais de trinta anos. Sou mais velha do que ele, como sabes.

Por tudo isso, creio que podes imaginar minha emoção.

Após a cerimônia, houve um almoço. Joanna sabe receber, e foi tudo muito lindo, com violinos tocando suavemente, enquanto todos conversavam, brindavam e riam. Tínhamos poucos convidados e todos se conheciam bem. O padrinho de Machado foi o jornalista e historiador Max Fleiuss, que o presenteou com o traje nupcial completo. O noivo estava muito elegante.

O padrinho de batismo de meu marido, Joaquim Alberto de Sousa da Silveira, estava presente com a esposa e a filha. Ele é (ou era) o genro de D. Maria José; a protetora de minha sogra e madrinha de Machado. Também conheci (finalmente!) D. Maria Paula e um de seus filhos, que veio acompanhado da esposa. Machado ama esta senhora, que tanto lhe ensinou e tanto carinho lhe deu, na doença de sua mãe. Na falta de pais e irmãos na cerimônia, meu marido tinha essas pessoas da Quinta do Livramento como parentes. Estavam todos muito felizes e foram muito simpáticos comigo.

O sacerdote que nos abençoou foi o Cônego José Gonçalves Ferreira, irmão de Joanna. Ele é o reitor do seminário e diretor de um jornal chamado O Apóstolo. É amigo de Machado há muitos anos.

Acho que não esqueci de ninguém. Fora quem já citei, estavam meus irmãos e meu cunhado (tirando Henrique, de quem quase não temos notícias), a família dos condes de São Mamede (sim, há alguns meses Rodrigo finalmente recebeu o título de D. Luís), e alguns poucos amigos íntimos da família.

Estamos morando na Rua dos Andradas (antiga Rua do Fogo), número 119, no centro. Trata-se de uma casa simples e pequena, mas é o que podemos alugar no momento. Esperamos conseguir um lugar melhor em breve. Apesar de sua nomeação como Diretor-assistente do Diário Oficial, Machado conta ape-

nas com este vencimento para vivermos. O que se ganha como poeta, tradutor e etc não paga o aluguel de ninguém.

Temos levado as noites placidamente, pois Machado escreve muito, de manhã cedo e à noite. Então, costuro, leio, conversamos sobre o que lemos e sobre as questões do país. Apesar de já ter se candidatado a deputado pelo Partido Liberal (e de ter retirado a candidatura logo em seguida), Machado acredita muito no Imperador. Não lhe tiro a razão, pois parece-me um homem bom e patriota; muito inteligente e culto. Mas existe tanto a ser melhorado!

Mais uma vez, mando-te minhas saudades e meus sinceros votos de que estejas recuperada. Teus filhos aí estão, a precisar de tuas mãos e colo, e teu marido de tua companhia. Fiquem com Deus e tenham um dia de Natal muito abençoado. Se Deus quiser, talvez nos vejamos no ano que entra. Quem sabe?

Beijo-te com carinho.

Tua amiga
Carolina Augusta Xavier de Novaes Machado de Assis.

P.S. – Não pude resistir em assinar meu nome completo!

Capítulo 7

Os primeiros tempos

~~~

19 de novembro.

Meu caro Paz:

Estimo muito e muito as tuas melhoras, e sinto deveras não ter podido ir ver-te antes da tua partida para a Tijuca. Agradeço-tc as felicitações pelo meu casamento. Aqui estamos na rua dos Andradas, onde serás recebido como um amigo verdadeiro e desejado.

Infelizmente ainda não te posso mandar nada da continuação do drama. Na tua carta de 8 deste-me parte da tua moléstia e pediste-me que preparasse a coisa para a segunda-feira próxima. Não reparaste certamente na impossibilidade disto. Eu contava com aquele adiantamento e a tua carta anulou todas as minhas esperanças. Não imaginas o que me foi preciso fazer desde segunda-feira à noite até sexta-feira pela manhã. De ordinário é sempre de rosas o período que antecede o noivado: para mim foi de espinhos. Felizmente o meu esforço esteve na altura da minha responsabilidade, e eu pude obter por outros meios os recursos necessários na ocasião. Ainda assim não pude ir além disso; de maneira que agora mesmo estou trabalhando para as necessidades do dia, visto que só do começo do mês em diante poderei regularizar a minha vida.

Tais são as causas pelas quais não pude continuar o nosso trabalho; continuá-lo-ei desde que tiver força para isso. Ele me será necessário, e bem sabes que eu não me poupo a esforços. Espero porém que me desculpes se neste momento estou curando da solução de dificuldades que eu não previa nem esperava.

Se a Tijuca não fosse tão longe iria ver-te. Apenas vieres para casa, avisa-me, a fim de te fazer a competente visita e conversarmos acerca da conclusão da obra.

Teu
Machado de Assis

---

1 de maio.

Paz:

Procurei-te ontem e anteontem em casa e não te achei. Hoje, se não te encontrar, deixarei esta carta, pedindo-te que me esperes amanhã de manhã para conversarmos sobre aquilo. Sei que tens andado ocupado, e temo importunar-te com estes pedidos; mas, como te disse, não tenho outro recurso, desejava concluir o negócio o mais cedo possível. Não insisto sobre a importância capital do serviço que me estás prestando; tu bem o compreendes e sabes além disso qual é a minha situação. Não pude arranjar a coisa só por mim, vê se consegues isso, e repara que os dias vão correndo. Ajuda-me, Paz; eu não tenho ninguém que o faça. Conselhos, sim; serviços, nada.

Espera-me amanhã, domingo; irei às dez e meia horas para dar-te tempo de concluir o sono que, por ser domingo, creio que irá até mais tarde.

Teu
Machado de Assis.

⁂

Os tempos têm sido difíceis; mais do que esperávamos. Estamos alojados em uma pequena casinha na Rua da Lapa – já a terceira que alugamos, desde o casamento. Tento arrumá-la com meus trabalhos de agulhas, e a mantenho brilhando com a ajuda de Eugênia, nossa criada. Fora essa ajuda, tenho apenas a lavadeira, Madalena, que recolhe a roupa uma vez na semana e depois a traz, limpa e engomada, em uma grande trouxa equilibrada sobre a cabeça. Ambas são forras. Pagamos por seus serviços.

Após pagarmos o aluguel, o carvão e a lenha, o peixeiro, o açougue, a quitanda e as duas ajudantes sobra pouca coisa. Tenho buscado livros no Real Gabinete, pois assim economizamos mais, e mantenho nossas roupas caprichosamente. Como Machadinho prefere vestir-se de negro, minha tarefa fica mais fácil. Aliás, essa sempre foi a cor da pobreza e da humildade por isso mesmo – para durar. Quanto a mim, reformo blusas com novas rendas e botões. Há poucos dias, terminei de coser uma saia de um cinzento quase negro, e ficou muito bem. Não sei quando poderei comprar chapéus novos, entretanto. Isso não é mesmo importante.

O importante é que Machado está conseguindo. Está mostrando que sua origem humilde não determina sua vida. Que sua capacidade de trabalho é imensa, como escritor e como funcionário público. Que o que importa é o que se é e o que se faz; não o que se tem. Ou de quem descendemos.

Já completamos dois anos de casados. Não temos filhos, e creio que não os terei. Nos primeiros tempos, notei que meu marido usava um pano para aliviar-se, interrompendo o ato. Edgar também fazia isso.

Certa noite, Machadinho e eu estávamos deitados no escuro, lado a lado. Então pedi-lhe que me desse a chance de ter um filho. Somente um já me bastaria, falei. Ele ficou sem responder-me, por um bom tempo. Havia a luz da lua iluminando a cortina, mas o máximo que enxergava era seu perfil.

Finalmente, quando pensei que já havia adormecido, ele me disse, simplesmente, que assim seria. Dali em diante o pano não estava mais ao lado da cama, quando eu me levantava.

De nada adiantou. Nunca tive um atraso das regras. Não concebo, e isso é tudo. E acho que me sinto mais triste a esse respeito do que Machado. Ele parece não se importar nem um pouco.

Nos finais de semana, quando ele não está com algum prazo exíguo para algum jornal, fazemos passeios. Andamos por São Cristóvão, Laranjeiras, Catete, Lapa. Também visitamos os São Mamede, quando não estão viajando, nossa boa amiga D. Rita de Cássia e José de Alencar e sua esposa, D. Georgiana. Ela é filha de um almirante inglês. Machado tem adoração por este escritor.

Vejo Miguel com mais frequência do que vejo Adelaide, pois ele frequenta nossos amigos e ela não. Não a visito e ela pouco vem a nossa casa. Emília está estabelecida com os filhos aqui no Rio de Janeiro, em São Cristóvão. As crianças, meus únicos sobrinhos, são adoráveis. Gosto demais deles, principalmente da pequena Sara, e estou contente por minha irmã e seus filhos estarem aqui em nossa cidade.

Somos apenas nós dois, no final das contas. Com nossas lutas e sonhos. Às vezes acho Machado triste, com tanto a fazer quando chega em casa. Fechou mais um contrato com Garnier, além de tudo o que já faz. Tem as encomendas de jornais. Livros a ler. Seus olhos doem e ele já voltou ao médico para ajustar suas lentes, mas parece ter adiantado bem pouco.

Muitas vezes leio para ele, que me escuta com os olhos fechados, como mamãe fazia. Depois discutimos a leitura, e ele escreve sua crítica, livrando-se de mais uma incumbência. Ano *passado, ele começou no* **Jornal da Tarde** *e encomendaram-lhe a tradução em capítulos de* **Oliver Twist***, de Dickens. Por mais que eu o ajude, a coisa por vezes é muito cansativa. Temos de traduzir e depois corrigir, cotejando os parágrafos.*

Em alguns serões, temos visitas. Sirvo sempre um licor ou um Porto. Sirvo também petit-fours feitos por mim, pois Eugênia não tem a mão boa para massas delicadas.

As conversas às vezes se estendem e gosto disso, mas Machadinho franze o cenho quando acha que estou dando atenção demais a algum de seus amigos. Ciúmes. Aceito, pois também os tenho. Ainda hoje, às vezes leio os poemas que ele escreveu para mulheres que conheceu antes de mim.

Detesto-os. Sofro.

Gostaria de ter sido o seu primeiro amor. E que ele tivesse sido o meu.

Um dia, eles estavam no cais, entrando na barca para seguir a Petrópolis, e aconteceu. Machado teve um ataque. Carolina assistiu a tudo, sem saber o que fazer. Ela me disse ter sido uma experiência horrível.

A crise durou poucos minutos. Muita gente acorreu. Machado estava caído entre os assentos, enquanto todos assistiam, impotentes, aos espasmos dolorosos de seu corpo, com os olhos revirados e a baba e a urina escorrendo. Depois ele foi acalmando-se, até que abriu os olhos, aturdido. Em vez de ambos seguirem para Petrópolis, como o planejado, voltaram para casa.

Em casa, Carolina deixou-o dormir. Mandou chamar um médico, o mesmo que atendia suas amigas aristocratas. Estava realmente apavorada. Tirou-lhe as calças molhadas. O casaco sujo de poeira. O pince-nez. Dobrou as peças e sentou-se para esperar.

Ao acordar, Machado estava profundamente atordoado. Não sabia o que lhe tinha acontecido. Ela contou-lhe, perguntando se já tivera algo semelhante anteriormente. Ele lembrava-se de ter tido *umas coisas estranhas* quando era criança, lá no Livramento. Só que fazia muito tempo, e desde então estava bem. Ela anotou mentalmente o lembrete de procurar D. Maria Paula. Talvez ela pudesse ajudar, pois o conhecia desde miúdo.

O médico chegou. Examinando e perguntando, formou logo o diagnóstico de epilepsia; um mal conhecido desde os gregos. O chamado mal sagrado. Não havia cura; apenas tratamento. Receitou-lhe a Solução La Royenne, com as gotas pingadas em um cálice de água fresca.

Nada de noitadas, álcool, nervosismo. Vida regrada e saudável.

Antes de partir, ainda insistiu em um ponto: o doente é avisado pelo organismo, pouco antes de cada crise. Machado deveria ficar atento a luzes, deformidades de visão e formigamentos. Isso permitiria que se protegesse.

Dois dias após o ataque na barca, Machadinho teve outra crise, ao voltar da repartição. Eugênia ajudou-me, trazendo da cozinha uma rolha, que colocamos entre seus dentes. Fiquei muito nervosa novamente.

Depois de tudo, mais uma vez ele estava exausto. Envergonhado. Queria saber se mais alguém além de mim havia assistido. Não tive como negar que Eugênia o vira, mas ela era uma boa alma e seria discreta, assegurei-lhe. Ele cerrou os olhos e a fisionomia tornou-se tensa. Mais tarde, pediu-me que fizesse de tudo para mandar embora quem estivesse por perto, quando tivesse outra crise. Percebi que sua gagueira estava mais forte. Ele evitava falar.

À noite, deitada a seu lado e ouvindo-o ressonar, pensei em tudo o que estava acontecendo. Meu marido tinha uma doença séria e não havia cura. Meu marido podia ter convulsões terríveis em qualquer lugar, e isso era péssimo. Ele não queria falar no assunto. Sentia-se acovardado pela doença, pois estava à sua mercê. Eu também me sentia à mercê do mal que o castigava.

Naquela madrugada, resolvi que escreveria à D. Maria Paula, a fim de marcar logo uma visita. Ou um encontro em alguma confeitaria. Sim, talvez um encontro de duas senhoras, inocente e fora do Livramento, fosse a melhor solução. Ela saberia, talvez, me dizer como eram as "coisas estranhas" de que ele se lembrava.

Outro pensamento daquela noite foi, na verdade, uma prece. Agradeci a Deus por não conceber. Meu ventre estéril tivera razão em permanecer vazio e seco.

Doravante, eu cuidaria de meu marido, e apenas dele.

Não havia como ser diferente. Machado e sua doença correram pela boca de toda a cidade. Invejosos e solidários, amigos e colegas; todos lamentavam de alguma forma o alcance da tragédia que o abatia. Carolina sofria, cerrando os lábios finos cada vez mais.

O vidro de Solução La Royenne estava sempre à mão. Havia um na sala, um no quarto de dormir e outro na repartição. Machado aprendia aos poucos a reconhecer as crises se avizinhando. Pedia um copo d'água e a crise às vezes passava, como se fosse um pássaro desviando-se de sua cabeça no último momento. Outras vezes, os dentes prendiam o copo, rilhando o vidro. O ataque chegara antes. Os colegas já sabiam o nome do cocheiro a ser chamado para levá-lo para casa.

O remédio deixava-o zonzo. Normalmente precisava retirar-se para o leito, onde ficava, calado e triste, sem saber como seria o dia seguinte, o próximo e os anos que viriam. Além das crises mais severas, nas quais perdia os sentidos e o controle do corpo, ainda havia outras que, aos poucos, ele e Carolina aprendiam a reconhecer.

Os demais não notavam, provavelmente atribuindo à sisudez de seu temperamento os momentos nos quais parecia ausente, sem prestar atenção ao que o rodeava. Era a outra parte de seu mal. As crises de ausência. A chama da consciência como que se apagava, embora ele não perdesse os sentidos. Tais crises deixavam-no sem saber o que acontecera, à sua volta ou dentro de si mesmo. Estava fora do mundo, mesmo em um salão cheio de gente.

Para onde iria sua consciência nesses momentos? Não havia nada de que se lembrasse depois. Nenhum pensamento, sensação ou sentimento.

Carolina tentava ajudá-lo de todas as formas. Sempre fora carinhosa, mas, depois da doença firmemente instalada entre eles, era extremosa. Cortava a carne de seu prato. Servia-lhe o copo. Velava seu sono. Olhava-o de minuto a minuto, a fim de perceber se as crises de ausência estavam mais frequentes.

Ela conseguiu, afinal, encontrar-se com D. Maria Paula. Machado, apesar de não ter gostado de sua iniciativa, ficou aliviado com as notícias.

A senhora do Livramento contou a Carolina que Machado tivera muitas crises convulsivas quando pegara sarampo, na grande epidemia de 1845. Sua madrinha, D. Maria José, e sua irmãzinha Maria haviam morrido nessa época e pela mesma moléstia. Ele, o menino Joaquim Maria, salvara-se, mas a doença deixara-lhe a marca no cérebro. Ele padecera de muitas convulsões. O médico dissera que às vezes ocorria isso, pois o sarampo é um mal perigoso, que pode atacar e danificar o corpo de várias formas, assim como na surdez e na cegueira de outros pacientes. Não havia o que fazer.

Aquele ano havia sido muito duro para todos, segundo D. Paula. Ainda não se tinha o diagnóstico da tísica de Maria Leopoldina, mas havia aquelas crises do menino, e as mortes recentes na família e na cidade. Então, se não havia remédio do médico para ele, as benzedeiras saberiam alguma simpatia.

Assim foi. Elas ensinaram que, na próxima crise, a mãe deveria tirar toda a roupa e calçados do menino, enquanto ele estivesse convulsionando. Depois, as roupas deviam ser dobradas e fechadas dentro de uma trouxa branca e limpa. A trouxa, por sua vez, deveria ser queimada, e as cinzas enterradas. Nada de ficar passando por perto do lugar em que fariam tudo isso: não prestava. Era enterrar, esquecer e ver a doença ir embora.

Segundo D. Paula, assim foi. Ela e Maria Leopoldina fizeram a simpatia, e o menino Joaquim deixou de ter as crises.

Carolina acreditou, e eu também.

Então, Machado estava certo. Aos oito anos, ele tivera sarampo, e a doença atacara-lhe o cérebro, causando-lhe *umas coisas estranhas*. Estas, por algum motivo, haviam retornado agora, na fase adulta.

Carolina pensava firmemente em repetir a simpatia.

Acho que sei o que causou o retorno do mal de Machadinho. Foi o trabalho demasiado. Desde que nos casamos, ele não tira da cabeça que deve escrever e publicar cada vez mais.

Chamam Garnier de "o bom ladrão", mas ele tem sido um bom amigo de meu marido. Pouco antes de nosso casamento, fechou com Machado um contrato para dois livros futuros. Um de poesias – Falenas *–, e um de contos:* Contos Fluminenses. *Além disso, Machado seguiu contribuindo com a* Revista das Famílias *e com o* Jornal Ilustrado *(além de outros), e trabalhando na repartição.*

Após nosso casamento, mais um contrato; dessa vez para três livros futuros. Um romance – Ressureição *–, um livro de contos –* Histórias da Meia-Noite *– e uma novela, mais curta do que o romance. Essa se chamará* Manuscrito do Licenciado Gaspar, *e é a que anda mais devagar.*

Ressurreição *é a primeira tentativa de Machado de se debruçar sobre uma situação específica, e sobre as pessoas envolvidas nela; tal como os realistas ingleses e franceses. Meu marido sonha com uma literatura que fale e mostre os brasileiros a si mesmos, como seres humanos com boas e más ações.*

A trama de Ressurreição *está pronta. Trata-se da história de uma mulher bela, viúva e séria, e de um homem solteiro que coleciona amores. Após conhecerem-se, ele investe seus predicados de galanteador contra ela, que se mantém tranquilamente a salvo. Com o tempo, e após conversarem sobre vários temas, apaixonam-se. Ele resolve que, finalmente, a pedirá em casamento, e ela aceita.*

No entanto, uma carta anônima chega, manchando a honra da mulher. Isso faz com que a dúvida corroa o amor daquele que se julgava, finalmente, pronto a confiar em alguém por toda a vida. Na dúvida, ele decide desmanchar o compromisso.

Trata-se de um romance ousado para o Brasil. Não fala de mocinhas casadoiras e nem de índios. Fala dos sentimentos e das ações de pessoas maduras. Machado vem trabalhando nele diligentemente.

Cada edição de Falenas *e dos* Contos Fluminenses *foi de mil exemplares, e Machadinho recebeu $200 por volume vendido. No segundo contrato, o pagamento foi em parte adiantado, e melhor. Mas, para cumpri-lo, Machado levanta-se muito cedo, antes das cinco horas da manhã, toma uma chávena de chá do Ceilão com algumas gotas de limão, mordisca uma broa de polvilho, e logo começa a escrever. Após o pequeno almoço, às nove horas, parte para a repartição. Na volta, ainda escreve até tarde, caso não tenhamos algum compromisso no serão.*

As crises vieram por isso, tenho certeza. Tento ajudá-lo, corrigindo algum problema gramatical que possa haver, ou mesmo decifrando sua caligrafia para que os tipógrafos não reclamem tanto, mas sei que isso é pouco.

Preciso descobrir alguma forma de curá-lo. Ele está com medo de enlouquecer, como meu irmão Faustino e como Guy de Maupassant, com seus contos fantasiosos, cheios de espíritos que enlouquecem os vivos. Nervos exacerbados. Mas estes também pioram a epilepsia.

Que Deus nos ajude.

Advertência da Primeira Edição

Não quis fazer romance de costumes; tentei o esboço de uma situação e o contraste de dois caracteres; com esses simples elementos busquei o interesse do livro.

Our doubts are traitors,
And make us lose the good we oft might win,
By fearing to attempt

Nossas dúvidas são traidoras,
e nos fazem perder o bem que frequentemente
poderíamos ganhar, ao termos medo de tentar

William Shakespeare

Ressurreição, 1872

A simpatia foi feita. Carolina e Eugênia aguardaram alguns dias, pois o remédio espaçara as crises, mas uma delas acabou acontecendo enquanto Machado escrevia, de manhã cedo. Elas já haviam organizado o trabalho entre ambas. Eugênia saiu da sala, pois Carolina teria de despi-lo.

Minha amiga já estava com alguma prática, pois sempre o despia depois de algum ataque, a fim de vestir-lhe a camisa de dormir. Entregou a Eugênia as peças de roupa que seriam amarradas em um lençol branco e nunca usado, e recebeu dela as roupas limpas que vestiria no marido, agora sonolento e quieto, estirado sobre o tapete da sala. Depois, guiou-o até a cama, assegurando-lhe que estavam a sós.

A fé com que tudo isso foi feito foi comovente, mas pouco adiantou. Ou, melhor, adiantou um pouco. As crises se tornaram mais e mais espaçadas, ainda que se mantivessem sempre à espreita.

Machado tornou-se mais taciturno, segundo minha amiga. Se antes era mais alegre e sociável, agora tinha medo de emoções e crises. E tinha muita vergonha de seu mal, tornando-se, a cada ataque, mais desconfiado de que riam dele quando virava as costas. É claro que talvez alguém o fizesse, mas estou certa de que a maior parte das pessoas ficava muito incomodada em assistir a seu sofrimento sem nada poder fazer. Carola dizia-lhe isso, mas pouco adiantava. Ele não acreditava.

Capítulo 8

Mudanças

❖❖

Rio de Janeiro, 07 de agosto de 1872.
Ana querida,

Espero que tu e os teus estejam bem, e que realmente consigas liquidar teus negócios e vir para cá o mais brevemente possível. Creio que tua vida de viúva será mais fácil entre nós, que te conhecemos há tanto e que podemos te auxiliar sempre, no que for necessário.

Por aqui, há tristeza. Há alguns dias faleceu nosso bom amigo, o Conde de São Mamede.

Muito triste. Cinquenta e um anos, sete filhos, uma vida plena de realizações, e isso... muito triste mesmo. Ficamos todos sem saber o que fazer.

Foi o coração, de repente. Antes de falecer, ele pediu a Joanna que o enterrasse com um hábito da Ordem Terceira Franciscana, e que em seu túmulo houvesse apenas seu nome, sem título ou brasão, com a frase "Orem por ele".

O que achas? Não te parece belo ele ter tido tempo de falar, antes de entregar a alma a Deus? Foi tudo muito rápido, e ele não estava enfermo, mas preparando uma viagem à Europa. Então, imagino a beleza de seu espírito, ao reconhecer sua finitude e dar as instruções que julgou necessárias à companheira de *tantos anos. Fiquei muito comovida com isso, assim como todos.*

Outra tristeza foi a morte de Joana (a filha), dois dias após à do pai. Ela deu à luz outra pequena Joana, no dia 25. O Conde faleceu no dia seguinte, ela dois dias após o parto, e a bebezinha faleceu ontem. Muito triste. Três vezes triste.

Aguardo tuas notícias. Posso auxiliar-te a procurar uma casa para alugares, desde que me mandes detalhes quanto ao que desejas. Sabes que estarei pronta a ajudar-te em qualquer demanda que tiveres.

Beijo-te com carinho, tua amiga de sempre
Carolina.

1872 já estava em seu final quando voltei ao Rio de Janeiro. Viúva e com meus quatro filhos, vinha do extremo sul para a capital do Império. Fomos para um sobrado no Catete.

Encontrei o Rio de Janeiro muito parecido ao que eu lembrava. Moscas e fedor, na região central. Gritos de jornaleiros nas esquinas. Pretos e pardos andando pelas ruas e cuidando de seus afazeres, com muitas das mulheres vestindo apenas uma saia e um pano amarrado ao pescoço, caindo sobre os seios livres. Mulheres idosas – pretas e pardas – varrendo o café que escapava das carroças nas ruas, para depois vendê-lo.

Coches ricos, fiacres de aluguel e bondes puxados por mulas. Comércio, principalmente de portugueses e franceses. Homens conversando em esquinas e senhoras indo às compras na Rua do Ouvidor. Indo às confeitarias, ao salão de chá do Hotel Pharroux, ou ainda à mesa espírita na residência de alguma delas. Allan Kardec havia conquistado a cidade.

Os banhos de mar continuavam em alta, principalmente em Botafogo, havendo clubes com cabines e com outros atrativos à beira-mar. O magnetismo, ou mesmerismo, estava na última moda, com sessões públicas nas quais pobres diabos se deixavam levar por algum francês, que a seguir os fazia cacarejar, latir ou sofrer dores, simplesmente por sugestão. Havia uma cartomante que deixava as damas em frenesi, principalmente quanto aos futuros casamentos de suas filhas. Chamava-se Madame Petit.

Os salões seguiam com seus saraus. As sessões de piano e canto sustentavam professores e Arthur Napoleão. Chiquinha Gonzaga, uma bela jovem que fora sua aluna, escandalizava a corte, ao escolher a liberdade da música e dos morros, com seus misteriosos lundus e outras práticas. Ela largara o marido e os filhos, escandalosamente.

Arthur era a grande autoridade musical na corte. Sua loja e editora de partituras, na Rua do Ouvidor, antes em sociedade com Narciso Braga e agora com o violinista Miguel Miguez, tornara-se a referência em instrumentos musicais, partituras e apresentações. Era frequentada pela aristocracia e pela alta burguesia, que lotavam a sala de concertos regularmente.

A grande novidade, entretanto, foi o cabo submarino do telégrafo, que finalmente ligava o Brasil à Europa. Antes, só se *falava* com alguém de lá por cartas. Foi por um telegrama que chegaram as notícias da morte de Napoleão III e da tomada de Paris pelos prussianos.

O Cais dos Franceses estava cheio de navios transbordando de gente; famílias que atravessavam o oceano em busca de trabalho ou terra própria. Os jornais dizem que os fazendeiros paulistas apostam nessa mão de obra, barata e competente, e que o café é mais bem colhido por eles. Melhor do que pelos escravos. Além disso, não há fugas nem rebeliões, já que a Lei do Ventre Livre, todos sabem, é apenas o prenúncio da abolição que tarda tanto. D. Pedro aceita a pressão da Inglaterra e não acaba com essa mancha, mas o Sul, a partir da Província de São Paulo, está fazendo com que todos repensem a questão. Mão de obra assalariada, estrangeira e brasileira. Italianos, alemães, polacos, russos, suíços e até orientais. Todos querem melhorar suas condições de vida aqui no Brasil.

A morte prematura de Rodrigo Pereira Felício, o Conde de São Mamede, foi a dor deste ano para Carolina. Eu estava de volta e logo a vi pessoalmente, na Igreja de Nossa Senhora do Carmo.

Minha amiga seguia alta e magra, vestida simplesmente, mas com apuro, e portando um novo penteado de cachinhos sobre a testa. Depois ela me mostrou os pequenos cachos que costurara a um pedaço de tule fino, prendendo-o no alto da cabeça com grampos que ficavam invisíveis, tal sua habilidade.

Os cachos foram confeccionados com mechas de cabelo de Machado. Ao longo de meses ela os cortara e guardara, juntando-os aos seus e costurando-os. Agora usa-os assim diariamente, a partir do momento em que faz a toalete. Como uma pequena peruca.

Machado realmente é a vida de Carolina.

Notícia da Atual Literatura Brasileira: Instinto de Nacionalidade

Reconhecido o instinto de nacionalidade que se manifesta nas obras destes últimos tempos, conviria examinar se possuímos todas as condições e motivos históricos de uma nacionalidade literária; esta investigação (ponto de divergência entre literatos), além de superior às minhas forças, daria em resultado levar-me longe dos limites deste escrito. Meu principal objeto é atestar o fato atual; ora, o fato é o instinto de que falei, o geral desejo de criar uma literatura mais independente.

Revista Popular, 1873

Histórias da Meia-Noite
Advertência

    Vão aqui reunidas algumas narrativas, escritas ao correr da pena, sem outra pretensão que não seja a de ocupar alguma sobra do precioso tempo do leitor. Não digo com isto que o gênero seja menos digno da atenção dele, nem que deixe de exibir predicados de observação e de estilo. O que digo é que estas páginas, reunidas por um editor benévolo, são as mais desambiciosas do mundo.

    Aproveito a ocasião que se me oferece para agradecer à crítica e ao público a generosidade com que receberam o meu primeiro romance, há tempos dado à luz. Trabalhos de gênero diverso me impediram até agora de concluir outro, que aparecerá a seu tempo.

10 de novembro de 1873

Carolina e Machado trocavam tanto de endereço que volta e meia ela se encontrava ocupada com mudanças. Aos poucos, entendi que a busca de conforto e silêncio era o que os movia. Os endereços que podiam pagar situavam-se em ruas movimentadas, e os ruídos da calçada e dos vizinhos perturbavam. Machado precisava de silêncio para escrever.

Saindo do Sul austero, senti-me muito avançada no Rio de Janeiro. Aqui, frequentava mais os teatros e as óperas, e podia sair para comprar coisas bonitas e olhar vitrines. Também havia a livraria de Garnier e o Gabinete Português de Leitura, no qual se podia sentar e ler o quanto se quisesse, jurando-se estar em alguma biblioteca no Porto. O Sul é mais espanhol. A corte é mais francesa e portuguesa.

Sim, eu sentia e sinto saudades de meu Portugal, e estar na capital do Império me aproximava um pouco mais de meu país. Aqui é mais parecido com a terra que deixei um dia, já há tantos anos.

Voltarei? Não creio. Creio ter me tornado muito *brasileira* para os de lá. Não que tenha enriquecido e ostente meu ouro. Nada disso. Mas hoje há em mim uma sutileza de ver a vida que combina mais com o Brasil. E a ideia de que está tudo começando também me atrai.

Nasceu o segundo romance. Ele o escreveu pelas manhãs, com a mente fresca, antes de almoçar e ir para a repartição. Chamou-o de A Mão e a Luva, *e gostei do título. Conversamos longamente sobre ele. Inicialmente foi a público ao longo de algumas semanas, nas páginas do jornal* Globo, *de Quintino Bocaiúva. Agora, foi editado em livro por Garnier.*

Meu marido já escreve um outro romance – Helena *–, para publicar em capítulos no mesmo jornal, e deve lançar um livro de poesias em breve. Também escreveu uma novela curta, que chamou de* Casa Velha. *Ele ainda não tem coragem de publicá-la, pois se trata – claramente – das pessoas que moravam na Quinta do Livramento, onde ele nasceu e cresceu.*

Mais especificamente, fala de sua madrinha e do filho dela, que amava sua mãe, Maria Leopoldina, sendo correspondido. O amor dos dois foi proibido pela senhora da casa, madrinha de Machado, que inventou uma calúnia qualquer relacionada à família de minha sogra para que o casamento nunca ocorresse. Machado não sabe direito do que se tratou a mentira, mas, qualquer que tenha sido, é um ótimo argumento para um romance.

Tempos depois, o filho da senhora da casa enlouqueceu. De pedra. E minha sogra casou-se com o marido que ela lhe arranjou; ou seja, meu sogro.

Sigo atribuindo as crises de Machadinho ao excesso de trabalho, mas de nada adianta falar-lhe. Sua vida é essa, e creio que sempre será assim.

Miguel está cortejando Joanna, a condessa viúva. É fácil perceber o quanto ele a lisonjeia, e o quanto isso faz bem a ela. Ou a ambos, melhor dizendo. A Condessa e o pintor.

Joanna, aos quarenta e dois anos, ainda é uma bela mulher. Temos a mesma idade e posso dizer que nos tornamos amigas, mas não tenho como dizer-lhe que se afaste de meu irmão. Não tenho como dizer-lhe que ele quer muito o que ela tem – principalmente o prestígio. Ela que veja com seus próprios olhos.

Aprendi outra simpatia para o mal de Machadinho.

Quando a pessoa estiver sofrendo uma crise, deve-se pegar um espelho novo e colocá-lo à frente do rosto do doente, até o final do ataque. Depois, o espelho deve ser enrolado em um pano branco e jogado ao mar.

Hoje à tarde, fui à Rua dos Ourives e comprei um espelho com um cabo lavrado. Muito bonito.

Tinha em si a força indispensável a todo o homem que põe a mira acima do estado em que nasceu.

A Mão e a Luva, 1874

No dia 17 de novembro de 1876, a viúva Joanna Maria Ferreira Pereira Felício, Condessa de São Mamede, e Miguel Joaquim Xavier de Novais casaram-se, na Igreja Nossa Senhora do Carmo, no Rio de Janeiro. Machado de Assis foi o padrinho de Miguel. O oficiante da cerimônia foi o irmão da noiva, Monsenhor Gonçalves Ferreira; o mesmo do casamento de Carolina.

Dias antes, foi firmado entre o casal um contrato de separação total de bens e outro de dotação perpétua a Miguel. A partir dali ele teria uma renda mensal e algumas propriedades que a condessa lhe passava. O dinheiro usado para este fim era oriundo da riqueza própria de Joanna. Ela recebera uma herança de um tio solteiro, e seus filhos e herdeiros nunca poderiam dizer que o padrasto vivia à custa do que o pai falecido amealhara.

Os filhos de Joanna e Rodrigo eram contra o casamento. Viam ali um golpe do baú, e fizeram o possível para que a corte de Miguel à mãe fosse claramente percebida como um fato indesejado. O novo casamento foi encarado como um desrespeito à memória daquele pai e marido reconhecidamente extraordinário que fora o Conde de São Mamede.

Joanna, constrangida, comentou com Miguel que os filhos estavam demonstrando muito ciúme de seu noivado. Ele, sem pestanejar, disse-lhe que terminava o compromisso ali, mas que se mataria de desgosto. Ao deixá-la, palpitante como uma jovem noiva romântica, foi para casa, fez a mala e tomou o rumo de Petrópolis, hospedando-se com um amigo.

Joanna, desesperada, chorou muito e brigou com os filhos. Chamou Carolina, que foi até ela e ouviu-lhe as queixas, sem comprometer-se. Ela concordava com os filhos, mas também sabia que Miguel seria um excelente marido para Joanna. Ele gostava sinceramente dela – e é claro que incluía o dinheiro e o prestígio social entre as qualidades da noiva, mas não era apenas isso. Ambos gostavam de arte, de ir à ópera e de conversar sobre literatura. Ela não tivera nada parecido com o falecido marido, e Carolina compreendia seu anseio. Além disso, dificilmente os filhos aceitariam qualquer outro noivo. Miguel estava ali; disponível, solteiro, e era sensato, à sua própria maneira.

Nos dias seguintes, Carolina e Machado receberam cartas chorosas do irmão e cunhado. Logo, as amigas de Joanna estavam a postos, defendendo o casal. As conversas iam de um salão a outro, e a maioria gostava de Miguel. Ele nunca seria um conde, mas era um bom amigo de todos. Seria um companheiro para Joanna. E, caso fizessem um acordo pré-nupcial, nunca haveria qualquer questionamento quanto ao dinheiro da família. Ou dos filhos, melhor dizendo.

Miguel acabou voltando ao Rio de Janeiro. Ele e Joanna se encontraram na sala de Carolina, nessa época já morando no Catete, em frente à Rua do Pinheiro. Na mesma rua morava Fanny de Araújo, que também lutava pelo amor e pela liberdade de sua amiga em escolher o marido, ainda que se tratasse de um *parvenu*. O mundo estava cheio de casamentos assim, e Miguel era um encanto de pessoa, muito dedicado a Joanna.

Assim, o noivado foi reatado e as bodas foram marcadas para novembro. Carolina tornou-se a cunhada da Condessa de São Mamede, o que não era pouco parentesco naquela corte.

Ontem, ao final da tarde, sentada próxima à janela, vi Fanny passar em seu coche. Vinha da casa de Joanna, é certo, e eu gostaria de ouvir as novidades, mas não tenho saído para visitas.

Meu marido anda doente dos olhos. O diagnóstico do Dr. Hilário de Gouveia, cunhado de Joaquim Nabuco, é amaurose congênita de Leber. A palavra amaurose vem do grego **amaurôn**: *escurecer. Os olhos inflamam, ardem, e o impedem de ler e escrever, pois tudo escurece. Eu leio tudo o que ele precisa para trabalhar, como cartas e notícias; e também para sonhar e descansar, como poesia e romances. Também escrevo o que me dita. Estamos assim há mais de uma semana.*

Tenho para mim que o que afeta seus olhos é o remédio para as crises de epilepsia. Aquele sal pode matar. Brometo de potássio. Tem um sabor doce e inofensivo, mas faz mal para o estômago e intestinos. Corrói a mucosa, segundo o Dr. Franklin Faria, o que explica os desarranjos intestinais que tanto fazem Machado sofrer.

Perguntei ao médico se os olhos não possuem mucosa, e se as gotas La Royenne, feitas do brometo de potássio, não podem causar o dano às vistas que tanto aflige Machado. É certo que estamos conseguindo espaçar as crises de epilepsia, mas ele anda muito adoentado. O Dr. respondeu que pode ser, mas que a amaurose é uma doença que acontece também em pessoas que não usam brometo de potássio.

Deve ser, mas ainda não me convenci. E, mesmo que fosse essa a causa, Machado não tem como não usar as gotas para a epilepsia. Simplesmente morreria de tantos ataques.

Assim, nossa única alegria tem sido a filha que Deus nos mandou. Graziela, como a bela de Lamartine. Uma bolinha de pelos brancos e macios, da raça tenerife. Foi-me dada por minha cunhada. A mãe de Graziela mora no solar e deu uma cria de quatro bolinhas brancas. Fanny ficou com uma, eu com outra e os machinhos ficarão no solar, pois as meninas de Joanna os adoram.

Machado trata nossa filha como eu a trato: como uma criança. Fiz-lhe um pequeno colchão de cetim e encomendei ao carpinteiro uma pequena cama. Ela dorme ao nosso lado, e passa os dias a meus pés. Quando Machado chega, pula em seu colo e lambe suas mãos e sua barba, deixando-o feliz e risonho como nunca é nos últimos tempos. Quando leio em voz alta, ela levanta a cabeça e mexe as pequenas orelhas, como se entendesse. Graziela tornou-se o sol da casa.

Amanhã, Machado tem outra consulta com o Dr. Hilário de Gouveia, muito especializado em olhos. Ele teme ficar cego como Camilo Castelo Branco, mas a causa da cegueira de meu compatriota é a sífilis, e meu marido não padece disso. Vou agora até a Igreja do Carmo acender uma vela a Santo Antônio.

︎

O casamento é a pior ou a melhor coisa do mundo; pura questão de temperamento.

Helena, 1876

Capítulo 9

Nova Friburgo

❧

Helena foi publicado em livro por Garnier. Machado adotou novamente o pseudônimo Eleazar e publicou *Iaiá Garcia* em *O Cruzeiro*, em capítulos. A fama estava ali, célere e benfazeja. Mas ele não estava feliz.

Os olhos estavam cada vez piores. Inflamados, doídos. Os intestinos, completamente desarranjados, deixavam-no de cama seguidamente. Ele tinha medo de estar com uma tuberculose mesentérica, mas o médico afirmava ser culpa das gotas para a epilepsia. E esta doença, por sua vez, ainda o atormentava amiúde. Os colegas de ministério seguiam chamando sempre o mesmo cocheiro para levá-lo para casa, quando ocorria uma crise durante o expediente.

Machado estava cada vez mais sério. Tornei a vê-lo após os anos em que morei fora, e por isso posso falar com certeza. O sorriso tímido se fora. A timidez e a gagueira ficaram. Os cabelos e o bigode agrisalhavam rapidamente, e o guarda-chuva tornara-se um item de vestuário, como as botas ou as calças. Não saía sem ele. Trabalhava desde menino, sem férias de nenhum tipo. Acho que tinha medo de perder o que conquistara, e as nomeações para cargos do governo eram sua certeza de ganha-pão estável.

Então, seu ídolo José de Alencar faleceu. Machado, muito triste, teve ainda mais problemas de saúde, além de páginas e páginas para escrever, honrando os compromissos assumidos. Carolina já não sabia o que fazer, e começou a emagrecer. Olheiras escureciam sua pele alva, e os lábios estavam cada vez mais cerrados. O médico constatou uma anemia e nervos exacerbados, provavelmente pela preocupação constante com o marido.

Certa tarde, encontramo-nos na Confeitaria Paschoal. Ela pouco provou os doces deliciosos do chá que pedíramos. Disse-me que, se Machado não aceitasse sair por um tempo do Rio de Janeiro, a fim de tratar-se com o repouso necessário, ela o intimaria. Iria sozinha para algum lugar, deixando-o com a criada. Minha amiga estava exausta. Cansada de uma situação que se arrastava praticamente desde o início de seu casamento.

Não fiquei de todo certa de que ela teria coragem para tanto. Carolina era forte, determinada, inteligente e segura, mas Machado mudara sua vida de uma forma inesperada. Sem ele, ela ficaria como que sem um braço ou uma perna. Ou ambos. Ela não existiria sem ele.

Despedimo-nos. Em casa, lembrei-me do quanto a força de minha amiga podia ser contundente. Ela nos trouxera de vez para o Brasil, resolvendo nossas vidas em poucos dias.

Quem venceria?

A realidade é a casa que está entre a minha e a sua opinião.

Iaiá Garcia, O Cruzeiro, 1878

A viagem foi longa, mas valeu muito a pena. Subir a serra no cavalo de ferro (ou na maria-fumaça, como dizem aqui) foi uma libertação. Eu agradecia a Deus pela mudança, ainda que breve.

Machado consentira em tirar dois meses de licença médica. Sinimbu (Ministro da Agricultura e seu chefe) foi categórico: meu marido necessitava de descanso por ordens médicas. Os cuidados e medicamentos não conseguiam mais atender à demanda de seu corpo sofrido.

Eu também estava esgotada. Fui clara. Disse-lhe que tiraria umas férias sozinha, em algum sítio muito calmo e fresco, levando a vida daqueles que compõem o dia a dia sossegadamente.

Pela primeira vez, ele cedeu. Tiraríamos férias por licença de saúde. Ele também não aguentava mais. Partiríamos em dezembro para Nova Friburgo, e só retornaríamos em fevereiro.

Preparei nossa viagem com esmero. Ficaríamos no Hotel Leuenroth, que afirmavam ser confortável, calmo e com ótima cozinha. Costurei guarda-pós novos para nós dois, pois a fuligem do caminho de ferro tomava conta de tudo. Assei biscoitos e um bolo, além de um rosbife de Clara, que foi fatiado e embalado com fatias de pão embebidas em azeite, como ele gosta.

O único problema era deixar Graziela. Nunca saíramos por tanto tempo, e nossa filha peluda era tudo o que tínhamos. Ela ficaria com Clara, mas, ainda assim, eu estava muito preocupada. Depois pude ver o quanto estava certa.

A viagem foi longa. Começou às seis horas da manhã, quando tomamos a barca até Niterói. Lá, na Estação Mahoury, partimos às sete horas na maria-fumaça. Uma hora mais tarde, chegamos à primeira parada, na qual havia muitos homens e garotos vendendo frutas. Novamente "en route", passamos pelas estações de várias cidadezinhas, por plantações e por conventos perdidos no meio do mato, sempre tendo o Rio Macacu ao lado. A seguir, chegamos a Cachoeiras de Macacu, onde fizemos uma parada um pouco mais longa. As pausas foram providenciais para o problema intestinal de Machado.

Trocamos de maria-fumaça, pois a que nos trouxera até aquele ponto não era a ideal para a subida da serra. Uma hora mais tarde, trocamos novamente de locomotiva. A natureza era deslumbrante, mas comecei a ficar preocupada com Machado. Ele parecia exausto.

Finalmente chegamos a Friburgo. Passamos pela Ponte da Saudade, com o maquinista apitando alegremente, e mais adiante entramos na estação. Um fiacre nos levou até o hotel, com nossa bagagem cuidadosamente empilhada.

Nossas acomodações eram muito boas. O quarto era grande, limpo, arejado e silencioso. Tínhamos também uma pequena saleta e um lavatório. A sala de banho ficava no corredor. Avisaram-nos de que todos os hotéis estariam cheios a partir de janeiro, que era época de veraneio de muitas famílias. Não me importei.

Tomamos um banho e esticamos o corpo. Naquela tarde não descemos para o salão do hotel. Pedimos uma ceia leve e dormimos cedo.

Os dias a seguir foram mágicos. Cadeiras confortáveis, temperatura agradável. Missa na pequena Capela de Santo Antônio, na Praça do Suspiro. A praça tinha este nome por ser o local onde as pessoas partiam a cavalo, antes da estrada de ferro chegar. Era o local das despedidas, mas também dos encontros.

Na praça havia uma fonte com três bicas, que canalizavam a água pura da fonte vinda da montanha, abastecendo a cidade.

As bicas eram chamadas de "amor", "saudade" e "ciúme". Os escravos passavam o dia levando bilhas de água fresca e trazendo-as vazias, utilizando a bica que estivesse livre para refazer o abastecimento das casas.

Tudo muito bucólico, muito simples, e por isso lindo. Eu estava no céu, e logo pude ver que Machado também se sentia etéreo, fora do mundo. Não havia os gritos de jornaleiros, o cheiro de carnes penduradas em ganchos, o esgoto e o calor do Rio de Janeiro. Havia outros hotéis e uma pensão, cocheiras, barbearias, bicicletas para aluguel e charretes para passeios. Havia também um teatro, e logo ouviríamos música, além da capela e da igreja matriz.

No final de uma semana, os desarranjos de Machado estavam mais espaçados. Apesar de seguir com as gotas para os ataques, diminuímos sensivelmente a quantidade.

Ele estava mais calmo. Alimentava-se de coisas da terra: queijos e coalhadas, carnes frescas, peixes, sopas, frutas e pães, assados à maneira alemã, que é a colonização daquele lugar.

Somente os olhos seguiam incomodando, com a tal amaurose. Mas as enxaquecas, que o Dr. Hilário de Gouveia acreditava serem uma derivação do problema dos olhos, eram menos frequentes. Estávamos com a fisionomia descansada e com um leve rubor de saúde.

A partir da segunda semana, calmos e descansados como nunca estivéramos antes, passamos a falar sobre o futuro. Ou sobre o medo. Ele estava com trinta e nove anos. Temia sofrer de tuberculose mesentérica. Temia a cegueira. José de Alencar, seu ídolo, falecera, antes alcançando a glória na literatura. Machado também a queria, mas escrevendo de forma totalmente diferente. Nada de paisagens descritas à exaustão. Nada de suspiros.

Machado sentia medo de ficar cego sem ter escrito o que realmente queria escrever. Não só as crônicas e críticas, as peças, os poemas e os romances que vinha publicando. Ele queria escrever algo diferente, mas ao mesmo tempo tão encantador (no sentido de mesmerizar o leitor) que não fosse possível deixar de ler ou de pensar sobre o que se lia. Não queria escrever sobre peripécias de pessoas, mas sobre pessoas frente à vida; frente ao incognoscível.

Animei-me. Ele queria o Realismo puro.

Os olhos, entretanto, principalmente o direito, não estavam lhe permitindo a leitura ou a escrita. Então, tudo fervilhava em sua mente. Personagens. Enredos. Um defunto que narrava a própria vida, por exemplo. Como um exame de consciência post mortem. Esta ideia o perseguia há alguns meses, confessou-me, mas os olhos não lhe permitiam o trabalho de escrever, ler, reler e reescrever. Isso o estava matando.

Vi, de imediato, que a solução clara e perfeita estava ao nosso alcance. Eu seria sua secretária, escrevendo o que ele me ditasse e lendo o que fora escrito, para que fosse reescrito. Surpreso, Machado achou que poderia ser bom, mas que não seriam férias. Eu me esgotaria, e também precisava descansar e ganhar forças.

A solução era clara, mais uma vez. Teríamos um horário de trabalho diário, mas que não passasse de duas horas. Descansaríamos, caminharíamos e faríamos tudo o mais que fora planejado. Mas teríamos nosso momento de trabalho, para extravasar a arte que exaltava suas ideias. Isso seria perfeito.

Corri, peguei a pena e uma resma de papel e sentei-me à escrivaninha que ficava à janela. Ele, na poltrona confortável, repetia o que minhas mãos lentas não conseguiam acompanhar. Trabalhamos por duas horas, furiosamente. Alegremente. Maravilhosamente.

Memórias póstumas. Uma ideia brilhante.

Carolina e Machado retornaram para o Rio de Janeiro somente em março. Ele curara os intestinos, mas os olhos ainda o faziam padecer. Vinham tranquilos e rosados pelo ar da serra. Em fevereiro, Machado pedira mais um mês de licença. O Ministro acolheu o pedido, e assim eles continuaram suas primeiras férias da vida. O único distúrbio foi a fuga de Graziela.

No final de fevereiro, Clara, a criada, deixou o portão aberto enquanto varria a calçada. A cachorrinha escapou sem que ela visse, e depois não houve quem a encontrasse pelas redondezas.

Clara foi até a casa de Fanny de Araújo, a amiga do casal que era vizinha, e pediu ajuda. O marido, Armando, telegrafou ao hotel, noticiando-lhes a desventura. Machado redigiu um anúncio, a ser publicado no *Jornal do Comércio* e na *Gazeta*, oferecendo recompensa a quem encontrasse Graziela.

Durante certo tempo, telegramas e cartas cruzaram a distância. Carolina queria voltar, mas foi razoável. Sua presença não mudaria as coisas. Eles voltariam em poucos dias, no início de março. Deveriam dar tempo ao tempo e publicar o anúncio.

Graziela foi finalmente encontrada, ainda que longe, perto da Sé. Suja, esfomeada e cheia de pulgas e carrapatos, mas era ela mesma. Acredito que alguém a pegara quando ainda estava perto de casa, largando-a depois que os anúncios começaram a virar notícia. Também existem finais felizes.

Cachorrinha felpuda

Desapareceu na tarde de 21 do mês próximo passado, da rua do Catete, esquina do largo do Machado, uma cachorrinha branca, felpuda, tendo as pontas das orelhas pardacentas, olhos pretos e muito vivos, que atende ao nome de Graziela. Roga-se a quem a tiver achado, o favor de entregá-la no largo do Machado n. 15, que receberá 100$000 de gratificação.

Jornal do Comércio e *Gazeta de Notícias*,
2 e 3 de março de 1879

Se houve um tempo mágico em minha vida, este foi o que vivemos em Friburgo, naqueles três meses. Por mais que desejasse descanso e saúde, não seria capaz de imaginar tamanha recompensa para meus desejos.

Sonhei ser uma escritora, quando menina e mocinha, mas basta-me ser a copista de meu marido. O talento dele preenche-me. Eu nunca seria tão boa.

Meus dedos corriam pelas folhas de papel. Meus olhos reliam e minha boca anunciava. Um grande livro estava nascendo e eu fazia parte dele, profundamente. Ainda que Machado ditasse e corrigisse, meu sangue corria ao ritmo de meu trabalho físico e de minha atenção, totalmente voltada para a história sui generis que Machado criava.

Duas horas de trabalho por dia. Este fora o combinado, e nós o seguíamos. Acordávamos, fazíamos a primeira refeição, dávamos uma volta pelos arredores e voltávamos. Também íamos à missa com frequência, porque eu pedia a Machado e ele concordava em acompanhar-me.

De volta ao hotel, sentávamo-nos próximos à grande janela. Eu à mesa, com nossas resmas de papel, tinteiro e penas, e Machado em "sua" poltrona. Ele fechava os olhos, juntando a ponta dos dedos, ouvia o capítulo escrito anteriormente, corrigia o que achasse por bem, e então começava outro. Meu pequeno despertador de viagem vigiava nosso horário.

À tarde, após a sesta, eu lia algo para nós ou tentava jogar xadrez com Machado. Ele é muito bom no jogo; eu, nem tanto. Os hotéis da cidade estavam movimentados com a chegada do verão e das férias escolares e, por isso, todas as noites havia música no salão. Companhias de teatro chegavam e saíam, e passear de braços dados observando tanta gente já era um programa interessante. Sentávamos e absorvíamos as risadas, os olhares e cochichos, as damas e cavalheiros casados que sabiam flertar com movimentos de cabeça, piscadas e pequenos sorrisos. O adultério parecia haver se tornado algo comum.

Falamos várias vezes a este respeito. Não sabíamos se o fato se devia ao sucesso de Flaubert, com **Madame Bovary***, ou se era o contrário. O escritor capta a vida dos que o cercam, formando histórias. Não necessariamente parecidas, mas com a marca de algum olhar – duro ou dissimulado. De uma decisão – difícil ou secreta. De um trejeito de lábios que pode resumir um parágrafo.*

Não chegamos a uma conclusão. Parecia que pessoas casadas jogavam um novo jogo. Não todas, é claro. E aquelas que víamos talvez enxergassem simplesmente um jogo inocente de sedução que não iria além das férias, e que sempre estaria aquém de um leito. Uma brincadeira de salão.

Machadinho acha que não. Que, se houvesse possibilidade, todos aqueles adúlteros e adúlteras das praças e salões subiriam para os quartos, onde concretizariam o adultério.

Meu marido está se tornando um homem muito duro, sem ilusões ou compaixão. Mas parou de fumar em Friburgo, graças a Deus. Talvez isso o ajude com as úlceras na boca. Acho que cicatrizarão melhor.

AO LEITOR

Que Stendhal confessasse haver escrito um de seus livros para cem leitores, coisa é que admira e consterna. Que não admira, e provavelmente nem consternará, é se este outro livro não tiver os cem leitores de Stendhal, nem cinquenta, nem vinte, e quando muito, dez. Dez? Talvez cinco. Trata-se, na verdade, de uma obra difusa, na qual eu, Brás Cubas, se adotei a forma livre de um Sterne, ou de um Xavier de Maistre, não sei se lhes meti algumas rabugens de pessimismo. Pode ser. Obra de finado. Escrevi-a com a pena da galhofa e a tinta da melancolia, e não é difícil antever o que poderá sair desse conúbio. Acresce que a gente grave achará no livro umas aparências de puro romance, ao passo que a gente frívola não achará nele o seu romance usual; ei-lo fica aí privado da estima dos graves e do amor dos frívolos, que são as duas colunas máximas da opinião.

Mas eu ainda quero angariar as simpatias da opinião, e o primeiro remédio é fugir a um prólogo explícito e longo. O melhor prólogo é o que contém menos coisas, ou o que as diz de um jeito obscuro e truncado. Conseguintemente, evito contar o processo extraordinário que empreguei na composição destas Memórias, trabalhadas cá no outro mundo. Seria curioso, mas minimamente extenso, e aliás desnecessário ao entendimento da obra. A obra em si mesma é tudo: se te agradar, fino leitor, pago-me da tarefa; se não te agradar, pago-te com um piparote, e adeus.

Brás Cubas

As Memórias Póstumas de Brás Cubas foram publicadas em capítulos, na *Revista Brasileira*, ao longo de 1880. Causaram espanto. Causaram estranhamento. Aos poucos, causaram reverência ao gênio de um autor; é claro que principalmente entre os críticos. O leitor comum custou a acostumar-se com a nova prosa de Machado.

Um ano após, o romance foi publicado em livro. Vendeu bem. Machado chegava à glória.

Por esta época, vi-o ajudando uma morena alta a entrar em um coche, na Rua Direita. Ela entrou, esticou o braço nu, a não ser pela luva curta, e manteve-a unida à dele. Ele baixou a cabeça e beijou aquela mão presa à sua. O beijo pareceu-me algo ardoroso. Pela indumentária e maquiagem, julguei tratar-se de alguma atriz francesa.

Não era. Logo soube que se tratava de uma atriz portuguesa.

Pobre Carolina. Sozinha, em uma situação dessas.

A Condessa, sua cunhada, ia de vez para Portugal. Ela, Miguel e a filha ainda solteira. Outra filha já se casara por lá. Emília estava no Rio de Janeiro, mas não morava tão próxima, e andava adoentada. Adelaide, que antes vivia em uma pensão na Lapa, agora estava em uma casinha de Miguel, em São Cristóvão. Carolina, obviamente, não contava com esta irmã.

Ao que parece, a vida de minha amiga tinha todos os ares de um romance realista.

O adultério batera à sua porta. Será que ela aceitaria?

Capítulo 10

A fama

~~~

    O *Corsário* é uma necessidade social. É o último argumento da medicina heroica. Aplicando o aforismo de Hipócrates, podemos dizer: o que *O Jornal* não cura, cura a *Gazeta*; o que não cura a *Gazeta*, cura a *Folha Nova*; o que a *Folha Nova* não cura, cura o *Corsário*; o que o *Corsário* não cura, é incurável.

<div style="text-align: right">Machado de Assis, <em>Corsário</em>, 1883</div>

    O Machado, amante de Inês Gomes, enamorado de Ismênia dos Santos e ex-oficial de gabinete de um ex-ministro, escreve balas de estalo! Ora, o Machado de Assis! Sr. Ministro da Agricultura: V. Exa. deve demitir o Machado, porque este empregado público desmoraliza-o, desmoralizando o governo de que V. Exa. faz parte, escrevendo balas de estalo!

<div style="text-align: right">Apulco de Castro, <em>Corsário</em>, 1883</div>

Não sei se o fato de não conseguir perdoar Machado estará entre meus pecados, quando partir deste mundo para o outro. Simplesmente não consigo perdoá-lo. Não consigo fitar seus olhos. Não consigo sentir seu cheiro sem ter de afastar-me.

Ele e aquela Inês. Toda a cidade sabendo. Uma mulher vulgar, com pés e mãos enormes. Uma atriz, como outras tantas que ele teve como amantes. Antes de mim.

Depois de mim?

Inês Gomes. Nascida no Porto, como eu. Alta e morena. Mãos e pés imensos. Braços bonitos, dizem, e que ela faz questão de mostrar. Também dizem que não é boa atriz. Acho que não a assisti em nenhum teatro.

Oh, Deus....

Sei quem é a tal Ismênia dos Santos. É uma atriz baiana que veio para a corte com o marido, também ator. Conheço-os de estreias. Aqui, fundaram a Grande Companhia de Teatro de Variedades. Deve ser amiga ou empresária da tal Inês.

Nos primeiros tempos, antes de nos deitarmos, ele me pedia que calçasse os sapatinhos brancos de nossas bodas. Descalçava-os lentamente, admirando meus pés pequenos e alvos.

Outras noites, eram meus braços nus. Ele não me permite usar vestidos que os deixem descobertos, mas as camisas de dormir sempre foram sem mangas. Para ele.

Para ele. Para ele.

Quando fomos a Friburgo, quando ele estava tão enfermo que eu própria adoeci de tanta preocupação, levei os sapatinhos e usei-os muitas vezes.

Agora, ele destruiu tudo.
Devolvi-lhe duas cartas de nosso tempo de namoro, quando eu morava em Petrópolis, cuidando de Faustino, e ele estava aqui no Rio de Janeiro. Naquelas cartas, ele me jura o tipo de amor e fidelidade que me conquistaram.

"Depois... depois, querida, queimaremos o mundo, porque só é verdadeiramente senhor do mundo quem está acima das nossas glórias fofas e das suas ambições estéreis. Estamos ambos neste caso; amamo-nos; e eu vivo e morro por ti."

Ele destruiu tudo.
Minha cunhada está em Laranjeiras, preparando-se para voltar a Portugal. Passarei alguns dias com ela.
Clara cuidará de Machado e de Graziela.

O tempo passou e as coisas ajeitaram-se. Machado implorou, adoeceu, jurou e não sei o que mais, pois não testemunhei. Mas Carolina passou apenas uma tarde na casa da cunhada. Ele a trouxe de volta e não se falou mais na tal atriz.

A Condessa ia de muda para Portugal com Miguel e a filha mais moça. Outra filha já vivia lá, e vários outros filhos andavam pela Europa, fazendo negócios ou estudando. Antes disso, Joanna loteara uma parte de sua grande propriedade em Laranjeiras. Construíra casas em estilo *chalet*, para aluguel, sendo todas adoráveis e em centro de terreno.

A Condessa e Carolina queriam que um dos chalés fosse alugado por Machado, mas ele se negava. Dizia que todos falariam que enriquecera no serviço público, recebendo dinheiro em troca de pareceres favoráveis a obras de viação.

Com a confusão gerada pela nota no *Corsário*, Carolina conseguiu o que desejava. Machado cedeu à oferta de Joanna, que lhe propôs pagar o mesmo aluguel que pagavam pela casa do Catete.

Carolina estava muito, mas muito feliz. Eles seriam vizinhos de sua cunhada e amiga. Ainda que ela e Miguel se mudassem de vez para Portugal, a casa da família era ao lado. Eugênia, filha de Joanna, vivia lá com os filhos, e uma de suas filhas já vivia em uma casa grande, ao lado do *chalet* que Carolina escolhera. Além disso, o padrinho de batismo de Machado residia naquela mesma rua.

Rua Cosme Velho, número 18, Laranjeiras. Carolina teria um jardim. Um pequeno pátio. Mais espaço. Silêncio e pássaros cantando nas árvores. Era longe do centro, mas era esse o grande atrativo.

⁕

Aquele homem desprezível morreu, logo após quase terminar com meu casamento. Foi tocaiado e linchado em uma esquina. Dizem que morreu pelas mãos de oficiais do exército, ofendidos por suas notas difamatórias no Corsário.

Todos sabem que ele difamava qualquer um, até o próprio Imperador – que, aliás, deixa que publiquem o que quiserem. Não faz qualquer tipo de censura a nenhum desses jornalecos.

Apulco de Castro foi um escravo liberto, inteligente e trabalhador, mas fazia qualquer coisa para conseguir dinheiro, vendendo aquela coisa que chamava de jornal.

Não rezei por sua alma, e desde já peço perdão a Deus.

◆

Ontem caminhei com Graziela até a Bica da Rainha. Conta a lenda que D. Carlota Joaquina vinha lavar o rosto com esta água, a fim de conquistar mais beleza. Acho que não lavava mais do que isso, pelo que se sabe dela e de D. João. Ambos eram famosos pelo fedor que exalavam.

A bica é perto de casa. Minha casa. Não sou a proprietária, mas esta é a primeira que sinto realmente minha. Pequena, ajeitada. Com jardim e fundos. Plantei roseiras e já temos borboletas. Machado as ama (as borboletas, mais do que as roseiras, mas também estas últimas). É um pequeno chalet, muito bem construído. Existem mais dois na parte loteada por minha cunhada.

Nosso chalet tem dois pavimentos. No térreo, entra-se diretamente na sala de visitas, que possui duas janelas frontais e duas laterais. Tudo iluminado. Fiz cortinas de linho claro com entremeios de renda no mesmo tom. Ficaram muito lindas. Os tapetes, que fui tecendo ao longo dos anos, agora enfeitam o piso de madeira polida que as criadas enceram. Temos os móveis (poucos) de sempre, mas comprei mais dois pequenos dunquerques com tampo de mármore. Dentro, guardo a louça de visitas e outras coisas da casa, sendo cada um dos quatro para um fim específico de organização.

Tive uma ideia que acabou dando certo. Há algum tempo, comecei a guardar carretéis de vários tamanhos. Quando consegui uma quantidade grande, pedi ao funileiro que passasse um fio forte de ferro, unindo-os e formando pernas de mesinhas, cujo tampo em forma de lua crescente eu já mandara confeccionar na carpintaria.

Assim, temos três mesinhas posicionadas entre cadeiras e sofás, arrumando nossa sala de forma muito agradável. Os carretéis unidos formam os pés.

A cozinha é boa. Tenho minha pequena sala de costuras, dando para os fundos, e isso torna a sala de visitas um local organizado. Parece um sonho.

Nosso dormitório fica exatamente acima da sala, e tem duas porta-janelas que se abrem para o jardim. É arejado, amplo, e está lindamente arranjado, pois as cortinas de aniagem, que bordei com cores alegres, combinam com a nova colcha de chitão amarelo com rosas vermelhas. A nova cama tem um dossel, é claro que confeccionado no mesmo chitão da colcha. O aposento ficou alegre e iluminado.

Ao lado, há um pequeno quarto de vestir, onde estão o lavatório, a cômoda e o guarda-roupas. Seguindo o patamar, temos o gabinete de Machado, virado para Santa Teresa. Nessa sala estão as estantes de livros, um armário com portas envidraçadas, pilhas de revistas e jornais, sua cadeira confortável e a escrivaninha com seus materiais, sempre espalhados. Não posso arrumar nada.

Somos vizinhos da filha de Joanna, Eugênia, casada com o cearense Rodolpho Smith de Vasconcellos. O casal tem seis crianças adoráveis, que muito alegram nossos serões. Eles são a nossa família, agora que Joanna e Miguel se foram para Portugal definitivamente. Passamos noites agradáveis, bastando caminharmos alguns passos para termos jogos, conversas e risos, antes de deitarmos nossas cabeças no travesseiro com o rumor dos grilos.

• ◆ •

Minha irmã Emília está doente. É o coração. Rezo por ela. Sua vida tem sido de muitas mudanças: de Porto para Pernambuco, de lá para o Rio Grande de São Pedro e, finalmente, para o Rio de Janeiro. Seus três filhos brasileiros – Arnaldo, Ariosto e Sara – são a luz de seus olhos. A menina está comprometida com um militar. Lina, nascida no Porto, casou-se com um português e foi de volta para nossa terra.

Minha irmã mora em São Cristóvão, na rua de mesmo nome. É longe, embora façamos o possível para nos vermos. Às vezes ela vem com Sara, deixando a menina conosco por alguns dias. É um encanto. A sobrinha perfeita para um velho casal sem filhos como nós.

Não posso dizer, entretanto, que faça o mesmo por Adelaide. Vejo-a. Recebo-a, quando festejamos os anos de Machado ou os meus. Não a visito, a menos que por motivo de doença, como há poucos meses, quando me avisaram que estava de cama com uma gripe. Deram-lhe até a extrema-unção. Visitei-a e tomei as devidas providências, mas é só.

Miguel foi-se de vez para Portugal. Escreve frequentemente, com seu jeito quase incompreensível, e cobra minhas cartas. Tornou-se um bom amigo de Machado. Lê tudo o que meu marido escreve e espalha seus livros entre os portugueses.

Machado vai publicar Casa Velha *em capítulos, na revista* A Estação. *Já não se sente tão desconfortável ao expor a intimi-*

dade de sua infância e daqueles que fizeram parte dela. D. Paula ainda vive, idosa e lúcida. Sei que Machado teme sua reação às implicações da narrativa com as pessoas que lá viveram. Não que tenha escrito uma biografia; ele mudou muitas coisas. Mas quem conhece as histórias da Casa Velha entenderá muito bem o que foi mudado.

Mais uma vez, ele foi brilhante. Vingou-se de Dona Maria José (Antônia, na narrativa), que não permitiu o casamento de seu filho com minha sogra, tornando-os irmãos. Lalau (Maria Leopoldina) seria filha do marido de Antônia. A matriarca não saberia de nada e, ao descobrir, sente-se arrasada pela traição do marido, que acolhera e criara a filha em sua própria casa sem confessar-lhe o pecado.

Na vida real da Casa Velha, Machado tem certeza de que sua madrinha não desconfiava de que seu marido fosse o pai de Anna Thereza. A moça doente e sozinha de quem cuidara, ao comprar a Quinta do Livramento, era fruto de uma relação adúltera entre Barroso, seu marido então solteiro, com Thereza, casada e mãe de família.

Como a madrinha reagiria, se soubesse? Como a Antônia do livro?

Tenho certeza de que D. Maria Paula entenderá todas as sutilezas expostas na história. E suponho que não ficará nem um pouco chateada com Machado. Acho mesmo que sorrirá internamente, como a boa leitora que sei que é.

Aos vinte anos, começando minha jornada por esta vida pública que Deus me deu, recebi uma porção de ideias feitas para o caminho. Se o leitor tem algum filho prestes a sair, faça-lhe a mesma coisa. Encha uma pequena mala com ideias e frases feitas, se puder, abençoe o rapaz, e deixe-o ir.

Não conheço nada mais cômodo. Chega-se a uma hospedaria, abre-se a mala, tira-se uma daquelas coisas, e os olhos dos viajantes faíscam logo, porque todos eles as conhecem desde muito, e creem nelas, às vezes mais do que em si mesmos. É um modo breve e econômico de fazer amizade.

Foi o que me aconteceu. Trazia comigo na mala e nas algibeiras uma porção dessas ideias definitivas, e vivi assim, até o dia em que ou por irreverência do espírito, ou por não ter mais nada que fazer, peguei de um quebra-nozes e comecei a ver o que havia dentro delas. Em algumas, quando não achei nada, achei um bicho feio e visguento.

Balas de Estalo, *Gazeta de Notícias*,
3 de abril de 1885

Quer ouvir por que razão não podem casar? Porque não podem. Não lhe nego nada a respeito dela; é muito boa menina, dei-lhe a educação que pude, não sei se mais do que convinha, mas, enfim, está criada e pronta para fazer a felicidade de algum homem. Que mais há de ser? Nós não vivemos no mundo da lua, Reverendíssimo. Meu filho é meu filho, e, além desta razão, que é forte, precisa de alguma aliança de família. Isso não é novela de príncipes que acabam casando com roceiras, ou de princesas encantadas. Faça-me o favor de dizer com que cara daria eu semelhante notícia aos nossos parentes de Minas e de S. Paulo?

Casa Velha, *A Estação*, 1885

⁂

Estamos escrevendo outro romance. Digo "estamos" porque Machado pensa, tem a ideia e as impressões claras dos personagens e do enredo, e conversamos sobre isso todas as noites. Sutilezas. Tons. Características físicas. Tudo importa.

Eu nunca seria capaz de ter as ideias geniais de meu marido. Nunca. Escreveria sobre pessoas, claro, mas nunca como ele consegue fazer. Para ser menos modesta, talvez eu me aproximasse um pouco de suas escolhas e análises, uma vez que somos bem parecidos em vários pontos. Mas, certamente, eu não teria este olhar tão frio voltado às mulheres. Como Capitu, por exemplo.

Machado tem conversado e pensado muito, antes de sentar e tomar a pena. O problema nos olhos é em parte responsável, pois ele agora tem menos tempo disponível para escrever. Não toma mais a pena depois do sol baixar.

Pelo menos uma vez por semana, o Dr. Gouveia vem até nossa casa para aplicar-lhe uma injeção subcutânea de arsênio, como tratamento para os olhos. Não tenho observado melhoras, infelizmente. O Barão, marido de Eugênia, quer que Machado tente outro médico, mas ele está reticente. Vou tentar convencê-lo.

Os ataques estão mais espaçados, graças a Deus. E muitas vezes superados, pois ele sabe quando se avizinham.

Amanhã nossa sobrinha Sara virá passar uns dias conosco. Iremos juntas à cidade, na Rua do Ouvidor, escolher e comprar tecidos bonitos para costurarmos juntas, e depois tomaremos um belo chá com doces na Deroche.

Às vezes a vida nos dá períodos de descanso. Este é um deles. Fora isso, os abolicionistas estão cada dia mais fortes, felizmente. Infelizmente, os republicanos também...

BONS DIAS!

Eu pertenço a uma família de profetas *après coup, post factum*, depois do gato morto, ou como melhor nome tenha em holandês. Por isso digo, juro se necessário for, que toda a história desta lei de 13 de maio estava por mim prevista, tanto que na segunda-feira, antes mesmo dos debates, tratei de alforriar um molecote que tinha, pessoa de seus dezoito anos, mais ou menos. Alforriá-lo era nada; entendi que, perdido por mil, perdido por mil e quinhentos, e dei um jantar.

Neste jantar, a que meus amigos deram o nome de banquete, em falta de outro melhor, reuni umas cinco pessoas, conquanto as notícias dissessem trinta e três (anos de Cristo), no intuito de lhe dar um aspecto simbólico.

No golpe do meio (*coupe de millieu*, mas eu prefiro falar a minha língua) levantei-me eu com a taça de champanha e declarei que acompanhando as ideias pregadas por Cristo, há dezoito séculos, restituía a liberdade ao meu escravo Pancrácio; que entendia que a nação inteira devia acompanhar as mesmas ideias e imitar o meu exemplo; finalmente, que a liberdade era um dom de Deus que os homens não podiam roubar sem pecado.

Pancrácio, que estava à espreita, entrou na sala, como um furacão, e veio abraçar-me os pés. Um dos meus amigos (creio que ainda meu sobrinho) pegou de outra taça e pediu à ilustre assembleia que correspondesse ao ato que acabava de publicar brindando ao primeiro dos cariocas. Ouvi cabisbaixo: fiz outro discurso agradecendo, e entreguei a carta ao molecote. Todos os lenços comovidos apanharam as lágrimas de admiração. Caí na cadeira e não vi mais nada. De noite, recebi muitos cartões. Creio que estão pintando o meu retrato, e suponho que à óleo.

No dia seguinte, chamei o Pancrácio e disse-lhe com rara franqueza:

– Tu és livre, podes ir para onde quiseres. Aqui tens casa amiga, já conhecida e tens mais um ordenado, um ordenado que...

– Oh! meu sinhô! Fico!

– Um ordenado pequeno, mas que há de crescer. Tudo cresce neste mundo: tu cresceste imensamente. Quando nasceste eras um pirralho deste tamanho; hoje estás mais alto que eu. Deixa ver; olha, és mais alto quatro dedos...

– Artura não qué dizê nada, não, sinhô...

– Pequeno ordenado, repito, uns seis mil-réis: mas é de grão em grão que a galinha enche o seu papo. Tu vales muito mais que uma galinha.

– Justamente. Pois seis mil-réis. No fim de um ano, se andares bem, conta com oito. Oito ou sete. Pancrácio aceitou tudo: aceitou até um peteleco que lhe dei no dia seguinte, por me não escovar bem as botas; efeitos da liberdade. Mas eu expliquei-lhe que o peteleco, sendo um impulso natural, não podia anular o direito civil adquirido por um título que lhe dei. Ele continuava livre, eu de mau humor; eram dois estados naturais, quase divinos.

Tudo compreendeu o meu bom Pancrácio: daí para cá, tenho-lhe despedido alguns pontapés, um ou outro puxão de orelhas. E chamo-lhe besta quando lhe não chamo filho do diabo; cousas todas que ele recebe humildemente, e (Deus me perdoe!) creio que até alegre.

O meu plano está feito; quero ser deputado, e, na circular que mandarei aos meus eleitores, direi que, antes, muito antes de abolição legal, já eu em casa, na modéstia da família, libertava um escravo, ato que comoveu a toda a gente que dele teve notícia;

que esse escravo aprendendo a ler, escrever e contar, (simples suposição) é então professor de filosofia no Rio das Cobras: que os homens puros, grandes e verdadeiramente políticos, não são os que obedecem à lei, mas os que se antecipam a ela, dizendo ao escravo: és livre, antes que o digam os poderes públicos, sempre retardatários, trôpegos e incapazes de restaurar a justiça na terra, para satisfação do céu.

Boas noites.

Bons Dias!, *Gazeta de Notícias*,
19 de maio de 1888

Logo após a Abolição, a princesa promoveu Machado de Assis a Oficial da Ordem da Rosa, com distinção de comendador. As honras devidas a ele eram as mesmas de um coronel do Exército. Carolina ofereceu uma pequena recepção na casa do Cosme Velho.

Machado parecia encabulado. O lenço de linho branco subia seguidamente até o olho inflamado que tanto o incomodava, e notava-se que minha amiga estava apreensiva. Devia temer uma crise de epilepsia, comum quando ele estava cansado ou agitado.

Por isso, nada de jantar ou coisa que o valha. Carolina serviu refrescos, *champagne*, pequenos *vol-au-vents* e alguns doces portugueses. Tudo encomendado na melhor confeitaria ou feito pelas mãos hábeis de minha amiga. Logo as bandejas foram parando de circular, e assim todos foram se despedindo. Eles moravam longe do centro, como já foi dito.

Carolina estava envelhecendo bem. Seguia magra e alta, com o porte de sempre. Os cabelos escuros já eram rajados por fios grisalhos, mas o penteado seguia impecável. Notava-se que a seda cinzenta de seu vestido era da melhor qualidade, assim como o corte do tecido. Ela costurava bem, mas não sei se fizera aquele traje. Talvez sim. Trabalho manual era tão importante para ela quanto leitura, pelo que me lembrava. Joias discretas e de boa qualidade completavam o traje.

A volta ao centro da cidade foi lenta, no bonde das Águas Férreas. O sol se punha e a paisagem era linda. Muita gente nas ruas; homens voltando do trabalho, mulheres cansadas com sacolas de compras, crianças. A cidade estava a cada ano mais cheia, com pessoas vindas de fora querendo morar na capital. Gente do interior e do exterior.

O Rio de Janeiro era lindo, mas não pela mão do homem que ali vivia. A sujeira ainda grassava pelas ruas. O fedor ainda era comum, com dejetos misturados à poeira em que se caminhava. As epidemias de malária, febre amarela, tifo e sarampo ainda ocorriam.

Olhei novamente os homens cansados, saltando de bondes e voltando para casa. Machado, normalmente, era um deles. Ia e voltava usando o bonde das Águas Férreas, como um dia usara a barca de São Cristóvão até o Cais Pharroux. Um trabalhador do serviço público que amava música e literatura. Não exatamente nessa ordem, é claro.

Os grandes concertos do Club Beethoven ocorriam no Cassino Fluminense, na Glória. Machado, além de ser um dos fundadores do Club, tinha um cargo administrativo, desde a época do Conde de S. Mamede. Ele e Carolina sentavam-se lado a lado e realmente sorviam a música. Minha amiga, sempre muito chique, conseguia manter-se como a moça que eu conhecera criança. Inteligente e discreta. Ela podia ser cunhada de condessa e amiga de baronesa, mas seguia costurando, tecendo, bordando e administrando sua casa, ao mesmo tempo que ajudava Machado com a literatura.

Às vezes eu sentia inveja. A ida quinzenal à confissão me ajudava com este pecado capital.

Capítulo 11

A República

~

Lisboa, 27 de dezembro de 1889.
Amigo Machado de Assis.

Ora graças a Deus! Parece impossível, mas é verdade que só hoje recebi notícias do Rio depois dos extraordinários acontecimentos do dia 15 de Novembro.

A impressão causada em todo este país com a notícia da revolução foi enorme. Eu fui dos que não acreditei (sic) na proclamação da república. Duvidei da veracidade desse telegrama, não porque desconhecesse o alcance da propaganda republicana, nos últimos anos; porém supunha, e como eu, pensava a maior parte da gente que conhecia alguma coisa do Brasil, que nada se faria durante a vida do Imperador.

A maioria das pessoas que tem, como eu, aí tudo ou parte de sua fortuna, ficaram (sic) verdadeiramente aterradas com a confirmação da notícia. Alguns conheço eu que até emagreceram — coitados!

Eu, talvez em consequência do meu temperamento, recebi a notícia com espanto sim, mas sem o menor alvoroço. É que eu nunca me atemorizei com a República — é de todos os sistemas de governo o que mais me agradou sempre e fiquei tão descansado com a garantia dos meus haveres, como estava no tempo do Império. A maneira excepcional como se operou a mudança completa das instituições, sem sangue, sem violências, nem desordens, parecia realmente inacreditável. O modo como se portou o governo provisório, com o Imperador deposto, produziu aqui a melhor impressão, resultando daí as simpatias ao governo provisório. Até aqui tudo foi muito bem. Chega o Imperador e parece que mesmo por determinação do governo provisório, foi o Imperador esperado a bordo pelo Ministro Brasileiro aqui residente, e recebido com todas as honras devidas à Majestade. As almas mais sensíveis compadeceram-se ao vê-lo bastante magro e abatido; a Imperatriz, essa parece que vinha bastante doente, e doente tem estado ainda. Ele, porém, conversou sempre alegremente, perguntando por diversos literatos que ele conhecia, informando-se dos livros ultimamente publicados etc. etc. Nos dias em que aqui se demorou, visitou as escolas, o curso superior de letras, o túmulo de Herculano, São Vicente de Fora, foi a Sintra duas vezes, visitou o Camilo, a Condessa de Edla, foi a Queluz, enfim, não descansou um momento. O público recebeu-o sempre com respeito e simpatia.

Os jornais porém, especialmente de Lisboa, que são em geral, muito acanalhados, principiaram a lastimar a sorte do Imperador, e para serem agradáveis ao novo rei, não acharam outro meio senão o de principiar a desacreditar a revolução, comentando sempre de um modo desfavorável os atos do governo da República, dando vulto aos boatos espalhados adrede para negócio, com a alta e a baixa de fundos, fazendo grande espalhafato com uns telegramas forjados em Londres e Hamburgo, para o mesmo fim — telegramas aterradores que faziam crer que o Brasil estava todo a nadar em sangue! uma pouca-vergonha. Correu como certo, e o fato é que se disse daí para aqui, que tinham sido fuzilados 150 marinheiros da armada, que se tinham feito inúmeras prisões, deportações, encarceramentos, o diabo! Os jornais sempre com a dignidade que os caracteriza, sem tratar de averiguar a veracidade destas notícias, clamaram contra os membros do governo, recomendaram aos possuidores de títulos brasileiros, que os vendessem sem perda de tempo, porque tudo aí estava em completa anarquia! Eu, já se vê, não acreditava em nada disso, e nunca me preocupei com o que lá tinha — mas confesso que tinha um ódio aos tais jornalistas.... Neste meio tempo aparece um escrito do Visconde de Ouro Preto a que chamam manifesto, em que ele conta os fatos, já se entende, a seu modo, com o fim de justificar o seu procedimento, como presidente que era do último governo monárquico. Cá na minha opinião não justifica coisa nenhuma, senão que fez em tudo isso um papel de sendeiro, e diz que foi traído pelo primo Rufino.

(...)

Esta má vontade, para não dizer patifaria da imprensa lisbonense, exacerbou os ânimos dos portugueses que estiveram no Brasil, e amanhã aparece um protesto com um número considerável de assinaturas, entre as quais figura a deste seu amigo, contra as diatribes da imprensa em menoscabo do Brasil e do seu governo.

A colônia brasileira que aqui reside, que não é muito numerosa, mas que é cheia de vida porque é quase toda de rapazes, e que são hoje todos republicanos, estão com razão indignados contra o procedimento da imprensa.

Basta por hoje, continuarei amanhã.

29 de Dezembro.

Ontem não escrevi, mas continuarei hoje o cavaco sobre o nosso assunto, abrindo porém um doloroso parênteses para dizer-lhe que ontem às 2 ½ da tarde faleceu no Hotel do Porto, no Porto, a Imperatriz do Brasil.

Aquela pobre senhora chegou aqui muito doente, esteve quase sempre recolhida no Hotel, seguiu depois para Coimbra, onde se achou pior, indo acabar na minha terra os seus martírios. Quem nos diria a nós, há dois meses, que a Imperatriz do Brasil viria morrer ao Porto! Paz à sua alma.

O Imperador parece-me que também não irá longe. Os abalos que tem sofrido, suposto ele aparente uma completa indiferença pelos acontecimentos que os destronaram, produzirão os seus efeitos. Ele está gasto, alquebrado, e o frio que tem feito por aqui este inverno, deve ser-lhe muito prejudicial.

O Ministro Rui Barbosa tem telegrafado para aqui, ora ao Ministro Brasileiro ora a Latino Coelho, desmentindo muitas calúnias que esta gente se apraz em considerar fatos verdadeiros. Acho que fez mal em dar-lhe satisfações. Perde o tempo, e chama-se a isso gastar cera com ruins defuntos.

O melhor de tudo, entendo eu, é deixá-los ladrar e não lhe dar cavaco nenhum. Leio hoje nos jornais que causará má impressão aí um fato que se dera no nosso porto durante a demora do Alagoas. Não me parece que haja razão da parte do Governo Republicano em incomodar-se com tal acontecimento. A coisa foi assim: o vapor que trouxe a bordo o Imperador entrou o nosso porto com a bandeira do Império arvorada como parece lhe tinha sido ordenado pelo governo daí. Depois do desembarque arriou a bandeira, porém como é costume que os navios sustos no porto tenham arvorada a bandeira de sua nação, eles entenderam, ou tinha[m] ordem para isso, em arvorar a bandeira da República. Ora, essa bandeira, que nem mesmo era ainda a aprovada pelos Estados do Brasil, era uma bandeira desconhecida; e o capitão do porto, cumprindo com as leis que regem a marinha, deu ordem para que se arriasse a bandeira. Entrou depois neste negócio, o Ministro brasileiro aqui residente, teve conferências com o Ministro dos Estrangeiros e não sei se também com o de Marinha, para resolverem o conflito, e antes que ele se resolvesse o navio saiu do porto, seguiu o seu destino e não houve mais nada de importante nesta questão, na qual, segundo o meu modo de ver o capitão do porto fez o que lhe cumpria visto que o governo do Brasil não deu até hoje, segundo penso [,] um passo para que a República fosse reconhecida pelos países estrangeiros. Que significa portanto, para nós, aquela bandeira, que nem mesmo era a bandeira da república do Brasil? Eles têm imensa razão de queixar-se da imprensa de Lisboa especialmente, porque se tem portado vilmente, porém na questão da bandeira não lhes acho razão.

(...)

Correu também como certo que tinham sido confiscados os bens do Imperador e Imperatriz [;] nunca acreditei nisso, porque a nova República que tantas atenções, com louvor do mundo inteiro, tinha tido com o Imperador [,] não havia de reduzi-lo à última miséria confiscando-lhe os bens. Hoje, com grande satisfação minha vejo confirmadas as minhas convicções por um telegrama de Rui Barbosa, que diz achar-se lavrado até um decreto que garante ao Imperador todos os bens que aí possui [,] dando-lhe dois anos para a liquidação; entanto estranhei eu o subsídio de 5.000 contos que o governo lhe ofereceu, bem como a conservação da lista civil, que tudo achava demasiada generosidade [,] como estranhei também o ter-se-lhe (sic) retirado agora a dotação prometida. Mas enfim, eles lá tiveram sua razão para o fazer. Pode ser que os amigos do Imperador, os interessados na conservação do Império, conspirem contra a República [;] o Imperador com certeza não conspira.

Diz-se aqui, e com todos os avisos de verdade [,] que havia desinteligências sérias entre o Conde d'Eu e o Imperador. [O] Conde d'Eu insistia junto do Imperador para que ele abdicasse na Princesa Imperial, que por seu turno abdicaria no filho [,] e penso que tanto importunou o Imperador com isto que ele lhe respondera bruscamente, que não abdicava nem abdicaria fossem quais fossem os acontecimentos que se sucedessem. Isto parece que não oferece a menor dúvida. Ele está também bastante doente e penso que não sobreviverá por muito tempo à Imperatriz. Tenho pena dele, suposto eu encare tudo isso como ossos do ofício. Remeto-lhe também o protesto que os portugueses que residiram no Brasil fazem contra a imprensa portuguesa pela maneira indecorosa como falam dos acontecimentos do Brasil. Já em cima lhe falo deste protesto.

(...)

Nós vamos passando menos mal apesar da epidemia que tem grassado por toda a Europa, e que tem atacado milhares de pessoas aqui em Lisboa. Dá-se-lhe o nome de Influenza — a que nós chamamos aportuguesando o termo — Influência [.] O que é certo é que alguns jornais estão quase forçados a suspender a publicação que é feita tarde e a más horas, por ter o pessoal doente; o mesmo sucede nos estabelecimentos que carecem de um certo número de operários para satisfazer os compromissos com os seus fregueses.

Por cá também tem chegado. Já teve minha mulher, o Rodrigo, Carcavelos, Julieta, o pequeno Nuno, o Juca, os criados cá de casa etc. etc. Felizmente é uma epidemia benigna — dois ou três dias de cama basta[m] — principia por dores de cabeça, quebramento de corpo [,] febre que sobe sempre a 40 graus [,] dores nos rins e outros incômodos desta natureza.

Combate-se com antipirina, sanapismos, suadouros e tudo o que serve ordinariamente a debelar as constipações. Minha mulher nunca chegou a ficar de cama [,] mas, talvez por isso, há mais de 10 dias que sofre mais ou menos dos sintomas que caracterizam a tal moléstia. Ainda assim é preciso cuidado porque em Paris, Madri, Viena e outras capitais tem degenerado em pneumonias e pleurisias com resultados fatais. Eu por enquanto estou incólume, o que não quer dizer que daqui a alguns momentos me não ache influenzado.

Para que não diga que abuso demais da sua paciência [,] digo-lhe adeus pedindo-lhe que seja menos preguiçoso e que me diga o que por aí se vai passando. Lembranças ainda mais uma vez a Carolina e creia na sincera amizade do seu do Coração

Miguel de Novais.

Nunca fui uma boca-má como Adelaide, mas achei que as coisas piorariam com aquele baile. O velho Imperador também pensava assim, imagino. Ele e a Imperatriz não cearam. Não dançaram e nem aproveitaram a grandiosidade da festa.

O baile foi ideia da Princesa Isabel e do Visconde de Ouro Preto, o traidor. Uma homenagem ao Chile, mas, na verdade, a festa de bodas de prata da Princesa e do Conde d'Eu.

Machado teve de ir, como funcionário do ministério, e eu o acompanhei. Desde março ele é o diretor da Diretoria do Comércio da Secretaria da Agricultura. Sendo assim, fizemos parte da lista de convidados. Nós e praticamente toda a cidade. O famoso baile da Ilha Fiscal.

Chegamos e saímos cedo. Fomos protocolares. A ideia da Princesa e do Visconde de que o povo adoraria ver o fausto da corte não nos pareceu correta.

O tempo mostrou rapidamente o quanto estávamos certos. O baile foi no dia nove. A República nasceu seis dias depois.

O desperdício de comida e bebida, de iluminação (sim, a ilha estava linda), as flores, os trajes femininos. Tudo era assustadoramente rico. Rico em um sentido feio. As joias da Princesa e seu traje bordado a ouro pareceram-me fora do normal. Exagerados. O Imperador e sua mulher estavam sobriamente vestidos, como sempre, mas a Princesa teve ali um momento de exibição que desejava há tempos, acho eu.

E assim veio a República.

A época ainda é de muita incerteza. Conchavos e disputas, como esperávamos. A família imperial deixando o país no meio da noite, como ladrões. A morte da pobre Imperatriz logo em seguida, em Portugal. É tudo muito triste.

Não sabemos se o novo governo manterá os ministros e as nomeações de diretorias.

⚜

Quanto às minhas opiniões públicas, tenho duas, uma impossível, outra realizada. A impossível é a república de Platão. A realizada é o sistema representativo. É sobretudo como brasileiro que me agrada esta última opinião, e eu peço aos deuses (também creio nos deuses) que afastem do Brasil o sistema republicano, porque esse dia seria o do nascimento da mais insolente aristocracia que o sol jamais alumiou...

Não frequento o paço, mas gosto do imperador. Tem as duas qualidades essenciais ao chefe de uma nação: é esclarecido e honesto. Ama o seu país e acha que ele merece todos os sacrifícios.

Aqui estão os principais traços da minha pessoa. Não direi a V. Excia. se tomo sorvetes, nem se fumo charutos de Havana; são ridiculezas que não devem entrar no espírito da opinião pública.

Cartas Fluminenses, *Diário do Rio de Janeiro*,
5 de março de 1867

Capítulo 12

Novos tempos

※

Ao sair de Portugal para este país imenso que é o Brasil, sonhei em conhecer suas diferentes paisagens. Norte, centro, sul. A costa da Bahia, onde os primeiros portugueses chegaram. Não conheço quase nada, e já se vão vinte e quatro anos. Já sou quase uma brasileira; não sei se me adaptaria a Portugal novamente. Miguel reclama de tudo, e diz querer voltar ao Brasil.

Pois bem. Convidaram-nos a conhecer a fazenda de Cibrão e de Martins Marinhas, em Sítio e Três Corações, nas Minas Gerais. O lugar é a sede de um negócio pastoril que se propõe a proteger os boiadeiros do monopólio dos mercadores. Dessa forma, baixa o preço da carne nos açougues. Cibrão e Marinhas sonham em transformar o pequeno povoado, situado à beira da fazenda, construindo uma igreja gótica e uma escola mista, a fim de que as famílias dos boiadeiros vivam bem. É um assunto interessante.

Formamos um grupo animado para a viagem. As meninas Guiomar e Francisca acompanhavam o Barão de Vasconcellos e Eugênia; mais Cibrão, Marinhas, Machado e eu. Confesso que meu marido não estava tão entusiasmado em passar a noite no trem, mas acedeu, e sei que muito desse gesto foi feito para agradar-me.

A noite transcorreu sem grandes atropelos. Chegamos a Barbacena pela manhã, onde passaríamos o dia e a noite, para depois seguirmos até a fazenda. Tomamos uma excelente refeição no hotel da cidadezinha encantadora. Fomos até a igreja e perambulamos pela praça.

Então, o dia lindo e apenas um pouco quente, comparado aos que passamos no Rio de Janeiro, começou a mudar. Voltamos às pressas até o hotel, mal tendo tempo de fugir da torrente que despencou das nuvens. E foi piorando.

Machado, como eu temia, subiu para o quarto e deitou-se, cobrindo a cabeça. Disse-me que não desceria para cear, e assim fez.

Desci com nossos amigos, conversamos e tentei explicar-lhes brevemente que Machado detesta trovoadas e relâmpagos. Que se fecha em casa. Todos pareciam muito impressionados. E divertidos, secretamente. As meninas tinham o brilho nos olhos de quem segura o riso, pensando em algo engraçado que não pode ser dito. Acho que os adultos também.

Choveu durante toda a noite, e Machado pulava a cada trovoada. Pela manhã, ao ver que o céu nublado prometia mais chuva, avisou que voltaríamos para casa. De nada adiantou Cibrão implorar, falando do farto almoço que nos serviriam, dos bezerros meigos e doces que as meninas veriam, etc e etc. Eu sabia que não adiantaria pedir. Ele decidira.

Tomamos o trem e voltamos.

Em vinte e quatro anos de Brasil, até agora conheci o Rio de Janeiro, Petrópolis, Nova Friburgo e Barbacena. Em trinta de Portugal, conheci Lisboa, Penafiel, Braga e Guimaraens.

Posso dizer que conheço o oceano.

•◆•

Camilo Castelo Branco morreu. Matou-se. A carta de Miguel me esperava. Lembramos de Faustino e de seu amor por este amigo.

Ambos eram frágeis, nosso irmão e ele. Ambos tiveram uma vida desregrada e com escândalos. Os de Camilo eram até piores do que os de Faustino. Diferentes mulheres (inclusive uma freira), e Ana Plácido, casada e culpada de adultério com ele. Ainda que tenham sido absolvidos por José de Queiróz (sim, o pai de Eça. Ia me esquecendo...), ambos eram escandalosos por natureza.

Camilo cometeu seu pecado mortal na casa em que Ana e ele viviam com os filhos, em Vila do Conde. A casa foi herança do marido traído, e eles viviam lá há uns vinte anos. Ele saía de charrete ou carruagem e ia para a praça de Póvoa de Varzim. Lá, bebia e jogava até ficar sem nada, acompanhado pelo juiz Queiróz, que se tornara seu amigo. Voltava para casa e as brigas do casal eram famosas.

Camilo estava cego. A cegueira veio da sífilis e se instalou aos poucos. Não havia cura, ele sabia, mas, ainda assim, ditou uma carta ao oftalmologista mais eminente de Portugal. O médico foi examiná-lo em casa. Viu que não havia nada a fazer, mas não lhe disse nada, dada a profunda melancolia em que o pobre estava mergulhado. Indicou que fosse às termas.

À saída, quando Ana levava o médico à porta, ouviram o disparo. Voltaram às pressas ao quarto, mas Camilo estava morto.

Lembrei-me de meu irmão e fiquei triste. Que vidas talentosas e desperdiçadas.

Machado anda ruim do olho. O tratamento com as injeções de arsênio não deu resultado. A amaurose permanece em seu olho direito. Ele também gagueja mais. Presumo que seja devido aos ataques.

Ontem ele foi trazido para casa desacordado, e assim ficou por toda a noite. Foi o pior de todos. O Dr. Gouveia veio examiná-lo, e disse temer por sua vida. Ao longo da noite, sem voltar a si, ele ainda teve várias crises.

Minha vizinha e amiga, Eugênia, passou a noite ao meu lado. Ela realmente sente que somos parte da família, e eu também os sinto assim. Somos comadres, além disso, pois deram-nos Tico como afilhado.

Ao amanhecer, Machado começou a voltar a si, extremamente cansado e confuso. Creio que ficará muitos dias de cama, até recuperar as forças. Médicos entram e saem. Amigos chegam, respeitosos e preocupados.

Estou exausta. Preciso dormir. Tenho medo de perder meu marido em uma dessas crises.

Certa tarde visitei Carolina. Estava ainda mais calada do que o habitual, e pareceu-me preocupada. Fazia calor, e a criada serviu-nos refrescos com bolo. A cachorra Graziela roncava a seus pés, em sua cestinha. Estava muito velha, cega, surda e sem dentes, mas Carolina não a deixava sozinha. Machado trazia-lhe biscoitos de uma padaria do centro, todas as tardes. Ela os lambia.

Perguntei-lhe pela saúde de Machado, mas, aparentemente, não era essa a questão a preocupá-la. Perguntei-lhe por Emília, que andava adoentada. Tampouco era isso. Por fim, calei-me. Aprendi que o silêncio abre espaço para palavras.

Perto de partir, Carolina falou-me.

– Você sabia que o pai de Machado foi casado com outra mulher?

– Sim, tinha essa ideia. Você a conhece?

– Não. Nunca a conheci. Nem me lembrava de sua existência. Quando o conheci, ele já era órfão de pai e mãe. Sabia por alto que seu pai se casara novamente, mas Machado nunca falava na madrasta ou no pai.

Esperei. Ela continuou.

– Ela faleceu na semana passada. Seu nome era Maria Inês.

– Vocês foram ao enterro? Onde ela vivia?

– Ela vivia aqui, no Rio de Janeiro, como agregada de uma família que cuidou dela até o final. Avisaram Machado de sua morte e ele foi ao velório. Chegou aqui muito emocionado. Teve uma crise por causa disso. Coelho Netto o acompanhou ao velório e o trouxe para casa, felizmente.

Esperei novamente, sem saber ao certo o que falar. Ela seguiu.

– Ela foi boa para ele. Ele me disse que a amava.

Seu olhar passeou pela cortina, e dela para a roseira que aparecia pela janela aberta, trazendo uma brisa leve e perfumada para dentro da sala.

Segui calada, pois não sabia o que viria. O fato de ter tido uma madrasta era algo que eu nunca ouvira Machado falar. Aliás, ele falava pouco, jamais sobre si mesmo, e gaguejando mais a cada ano. Talvez isso explicasse a lacuna de informações que ora se apresentava, com a morte de uma madrasta desconhecida de todos e que morava na mesma cidade que ele.

Carolina deixou o assunto morrer ali. Passou a falar sobre a menina de Emília que se casaria em breve. Sara era sua sobrinha querida, e ela estava feliz com o convite para a recepção na casa da família, em São Cristóvão. Eu também fora convidada e exploramos o assunto.

Nunca mais falamos sobre a madrasta de Machado. Depois eu soube que esta era uma doceira. Parda, alegre e carinhosa. Nunca tivera filhos, e sentia um orgulho imenso de seu enteado, que ficava mais famoso e reconhecido a cada ano que passava. Machado nunca perdeu o contato com ela, mandando-lhe algum dinheiro de tempos em tempos. Só isso.

Por que Carolina não a conheceu? Por que ele não as apresentou?

Às vezes as pessoas são estranhas. Machado também.

E aqui façamos justiça à nossa dama. A princípio, cedeu sem vontade aos desejos do marido; mas tais foram as admirações colhidas, e a tal ponto o uso acomoda a gente às circunstâncias, que ela acabou gostando de ser vista, muito vista, para recreio e estímulo dos outros. Não a façamos mais santa do que é, nem menos. Para as despesas da vaidade, bastavam-lhe os olhos, que eram ridentes, inquietos, convidativos, e só convidativos: podemos compará-los à lanterna de uma hospedaria em que não houvesse cômodos para hóspedes. A lanterna fazia parar toda a gente, tal era a lindeza da cor e a originalidade dos emblemas; parava, olhava e andava. Para que escancarar as janelas? Escancarou-as, finalmente; mas a porta, se assim podemos chamar o coração, essa estava trancada e retrancada.

Quincas Borba, 1891

Capítulo 13

Óbitos

UM ÓBITO

Este silêncio inda me fala dela
Como que escuto ainda os seus latidos,
Vagos, remotos, sons amortecidos,
Da vida que nos fez a vida bela.

Boa, coitada, boa Graziela,
Companheira fiel dos anos idos,
Querida nossa e nós seus queridos,
Conosco dividiu a alma singela.

Tivemos de outras afeiçoes que a asa
Do tempo, ingratidão, fastio, intriga,
Qualquer coisa desfaz, corrompe, arrasa.

Tudo se liga e tudo se desliga,
Mas por que não ficou em nossa casa,
Esta que foi nossa constante amiga?

Almanaque das Fluminenses, 1892.

Aquele não estava sendo um bom ano para Machado e Carolina. Graziela, a filha peluda que dividia a casa com eles, morreu. Foi um golpe duro para ambos. Carolina cortou uma mecha de seu pelo e mandou fazer um quadro, preservando-a no vidro. Machado enterrou-a no jardim, em sua própria caminha, e ambos plantaram uma roseira marcando o túmulo. Carolina ficou de cama de tanta tristeza.

Neste mesmo ano, Machado foi promovido no Ministério da Viação. Talvez esta tenha sido uma notícia boa, mas ambos sempre se mostravam impassíveis com as notícias sobre sua carreira – tanto a literária como a do funcionalismo público.

O Rio de Janeiro pós-República passava por transformações. Havia um pouco mais de preocupação com a limpeza, tendo em vista os surtos de doenças que poderiam ser controlados com mais higiene, e o modelo arquitetônico era Paris. É claro que nunca se atingiria esse nível de excelência, mas eu estava secretamente feliz com as mudanças e debates. Nunca houve tantos médicos e engenheiros tomando conta de assuntos da cidade.

Eu era – e sou – republicana, ao contrário de meus amigos. Eles seguiam concordando que a República criaria castas de nobreza sem valor, com pessoas que buscariam tão somente o dinheiro e a ascensão social. Eles acreditavam na formação de líderes, e que a monarquia constitucional era o melhor para qualquer país.

Como disse, sou republicana. Como não disse, reconheço que invejava Carolina. Trata-se de um pecado capital, eu sei. Comum aos mortais, mas não a ela. Não creio que a inveja tenha passado alguma vez por seu coração. O ciúme, é certo. Mas a inveja é muito material para um ser espiritual como ela. Minha inveja se misturava a minhas convicções republicanas? Talvez.

Títulos nobiliárquicos davam-me nos nervos. Joanna, a Condessa de São Mamede, idem. A filha da Baronesa, nossa anfitriã ao chegarmos ao Brasil, também. O ar esnobe dos filhos e netos da Condessa, mais ainda. Uma das netas, Francisca, olhava-nos com desdém mal disfarçado. A outra, Guiomar, era doce e afetuosa, mas não creio que não achassem todos nós – e o pardo Machado – um pouco menos do que eles.

No final, Machado talvez tenha razão. A República foi a maneira encontrada de se criar uma casta. Sem berço. Sem privilégios herdados; apenas os adquiridos. Mas, talvez por isso mesmo, com a fome de desonestidade que já se mostra desde agora. Cada um tentando o máximo de privilégios enquanto pode, estocando riqueza. Não há nada de novo sob o sol, como diz a Bíblia.

Sinto muita falta de Graziela. Ainda choro por ela, todos os dias e todas as noites. Sou uma figueira seca, mas Deus me mandou um anjo peludo, que entendia tudo e tudo fazia para nos ver felizes. Sinto tanta falta...

O que ainda me alegra são meus vizinhos e meus sobrinhos. A casa ao lado passou algum tempo em polvorosa, pois Guiomar, nossa preferida dentre os netos de Joanna, resolveu apaixonar-se por um tio, irmão de seu pai, e é correspondida. Os pais estão muito aborrecidos, mas nada demove Guiomar e Frederico de sua decisão.

Segundo o Barão, os estudos mais modernos da medicina demonstram os problemas da consanguinidade na descendência. Guiomar ainda é muito nova, e pode apaixonar-se novamente por alguém adequado. Alguém que não seja seu tio.

Tenho pena da menina. Machado também. Conhecemos quase tantas famílias formadas por primos, ou mesmo por tios e sobrinhas, rodeadas de filhos sãos, quanto aquelas formadas por casais sem parentesco e com problemas na descendência. Eu e Machado temos um oceano de distância sem parentesco, e não tivemos filhos. Minha irmã Emília não é aparentada com meu cunhado, e perdeu algumas crianças.

O exemplo que Eugênia, o marido, minha cunhada Joanna e Miguel mais usam é o do Barão de Mauá, Irineu. Ele se casou com uma sobrinha. Das dezoito gestações, onze vingaram e apenas sete filhos estão vivos.

Não adianta. Guiomar diz que prefere morrer se não se casar com Frederico. E que Deus sabe o que faz.

Portanto, na véspera do ano bom teremos os noivados das duas meninas da casa. Francisca se comprometerá com Heitor, um belo e brilhante advogado, e Guiomar com seu Frederico. A família brindará os dois noivados, pois assim o compromisso indesejado de sobrinha e tio se diluirá. Em fevereiro, depois de casados, Guiomar e Frederico ocuparão o chalé maior, entre a casa dos barões e a nossa. E, se Deus quiser, tricotarei sapatinhos para bebês saudáveis muito em breve.

• ◆ •

Sara, nossa sobrinha querida, disse-nos que nos daria o bebê que esperava. Seria nosso filho ou filha, criado dentro dessa casa em um berço ao lado de nossa cama. Ela e o marido decidiram assim, e, sem dúvida, foi uma decisão movida pelo amor.
A criança nasceu antes do tempo e faleceu.
Pedi a Sara que nunca mais sequer pense em algo parecido. Deus sabe o que faz, e não me fez mãe.
Machado está de cama, resfriado. Estou sempre em casa, cuidando dele. Hoje à tarde, recebemos a visita de seus amigos (ou diria comparsas?), carregando um quadro, com todo o cuidado possível. Trata-se de um presente deles para meu marido: a pintura de uma mulher ruiva e bela, em um momento de leitura.
Segundo contaram Cibrão e Heitor, eles estavam com Machado ao passarem pela vitrine de uma loja na Rua do Ouvidor. Meu marido se disse apaixonado por ela, por seus olhos e braços, mas que não dispunha da quantia necessária para comprar o quadro. Segundo eles, essa mulher tem sido a paixão de meu marido já há algumas semanas. O olhar, os braços, os dedos afilados. Então, os amigos fizeram-lhe a homenagem. Ratearam a quantia e compraram o quadro, trazendo-o até nossa casa.
Madame Recamier, pintada por Fontana.
Entendo.
Machado veio até a sala no robe que lhe costurei há pouco.

Olhou o quadro e entendeu tudo. Baixou a cabeça e agradeceu, comovido, aos amigos. Pediu-me que escolhesse onde pendurar nossa obra de arte. Providenciei prego e martelo, indicando a parede atrás das cadeiras de palhinha. Servi-lhes um refresco. Fui educada.

Fingi que acreditei.

Depois, vi que devia ser isso mesmo, e somente isso. Machado sempre teve umas paixões por mulheres retratadas. E por atrizes. Lembro-me daquela de pés grandes e ainda sofro. Ele chorou, soluçou. Nunca teve nada com ela, além de sentir-se lisonjeado quando ela foi procurá-lo, pedindo-lhe que lhe escrevesse uma peça.

Entendi, mas sou muito ciumenta. A dama do quadro não existe na vida de meu marido, e me sinto aliviada por isso. Ao menos um pouco mais do que hoje à tarde, quando entrou em nossa sala.

SONETO CIRCULAR

A bela dama ruiva e descansada,
De olhos longos, macios e perdidos
C'um dos dedos calçados e compridos
Marca a recente página fechada.

Cuidei que, assim pensando, assim colada
Da fina tela aos flóridos tecidos,
Totalmente calados os sentidos,
Nada diria, totalmente nada.

Mas, eis da tela se despega e anda,
E diz-me: – "Horácio, Heitor, Cibrão,
Miranda, C. Pinto, Xavier Silveira, F. Araújo,

Mandam-me aqui para viver contigo".
Ó bela dama, a ordens tais não fujo.
Que bons amigos são! Fica comigo.

Gazeta de Notícias, 18 de abril de 1895

Capítulo 14

A Academia

De repente, chega o frio da doença e do medo. Minhas entranhas têm algo estranho, que se traduz em dores mais ou menos vagas, em espasmos, e na sensação de que estou cheia de algo que não quer sair de mim. E que sangra.

Sim. Tenho medo. Lembro-me de mamãe, cada dia com mais frequência. Fui ao médico, Dr. Miguel Couto, e ele fez alguns exames. Nada aparece de errado em meu sangue, além de uma anemia que me persegue já há algum tempo. Ele me receitou sal amargo, sulfato ferroso e uns dias de descanso. E aqui estamos, em Petrópolis.

Sei que melhorarei.

Zero morreu em meus braços. Não quero mais cãezinhos em nossa casa. Era um pinscher preto, tão pequeno que Machado o levava no bolso do casaco, quando íamos até a casa de Eugênia para o serão costumeiro. As crianças brincavam com ele, mas era muito agitado. Era como um gravetinho com um coração, pulsando de medo ou alegria. Acho que morreu por isso. Engasgou-se, tossiu e morreu.

Machado tem se incomodado no Ministério. Não esquecem que sua carreira se iniciou no Império. Dizem que é um pardo favorecido pelos nobres. Que é um escravocrata.

Meu marido sofre com isso. Seus ataques têm piorado. Nem a publicação de mais um apanhado de contos, que chamou de Várias Histórias, *parece fazê-lo mais alegre.*

Ao mesmo tempo, uma velha ideia dele e de Lúcio de Mendonça, abraçada por seu grupo forte de amigos, vem tomando forma. Eles se encontram na redação da Revista Brasileira *praticamente todos os dias, e conversam seriamente sobre criar uma Academia Brasileira de Letras, sob a égide da República e nos moldes da Academia Francesa. Machado acha que conseguirão formá-la no final deste ano ou no que entra.*

•◆•

Preciso dormir. Depois, escreverei a Miguel e a minha cunhada. Ela está adoentada, pelo que soube. Eugênia tomou o paquete para visitá-la em Lisboa. Dessa vez senti muita vontade de acompanhá-la, mas não tenho coragem de deixar Machado sozinho, e já desisti de tentar convencê-lo a acompanhar-me até Portugal.

Preciso curar-me. Da anemia e desse problema intestinal. Se adoecer e morrer, ele ficará sem ninguém.

20 de julho de 1897.

Senhores,

Investindo-me no cargo de presidente, quisestes começar a Academia Brasileira de Letras pela consagração da idade. Se não sou o mais velho dos nossos colegas, estou entre os mais velhos. É simbólico da parte de uma instituição que conta viver, confiar da idade funções que mais de um espírito eminente exerceria melhor. Agora que vos agradeço a escolha, digo-vos que buscarei na medida do possível corresponder à vossa confiança.

Não é preciso definir esta instituição, iniciada por um moço, aceita e completada por moços, a Academia nasce com a alma nova, naturalmente ambiciosa. O vosso desejo é conservar, no meio da federação política, a unidade literária. Tal obra exige, não só a compreensão pública, mas ainda e principalmente a vossa constância. A Academia Francesa, pela qual esta se modelou, sobrevive aos acontecimentos de toda casta, às escolas literárias e às transformações civis. A vossa há de querer ter as mesmas feições de estabilidade e progresso. Já o batismo das suas cadeiras com os nomes preclaros e saudosos da ficção, da lírica, da crítica e da eloquência nacionais é indício de que a tradição é o seu primeiro voto. Cabe-vos fazer com que ele perdure. Passai aos vossos sucessores o pensamento e a vontade iniciais, para que eles o transmitam aos seus, e a vossa obra seja contada entre as sólidas e brilhantes páginas da nossa vida brasileira. Está aberta a sessão.

Visitei Carolina e não gostei. Não gostei dos olhos cansados – logo ela, sempre tão alerta e disposta para tudo. Senti uma languidez que antes não havia ali. Os dedos seguravam frouxamente as agulhas de tricô. Ela tecia sapatinhos brancos para a neta de Joanna, Guiomar, que perdera um menino há pouco e já estava prestes a parir mais uma criança. Eu não previra bons resultados naquele casamento de tio com sobrinha, mas calei-me. A menina (mulher, agora) já perdera alguns rebentos.

Havia sempre um livro ao lado de Carolina, sobre a mesinha redonda com pés de carretéis. A sala estava fresca e iluminada, e ela tinha os pés apoiados na pequena banqueta bordada com lã. Estava vestida impecavelmente, como sempre. A criada entrou com refrescos e bolos.

Falamos sobre trivialidades, pois o tempo nos afastara. Eu sabia que Machado não gostava muito de mim. Sempre sentira isso em seus olhos. Carolina e ele entendiam-se muito bem, sem que se falassem. Talvez ele lhe tivesse passado uma certa desconfiança quanto a mim. Ou talvez ela preferisse suas tantas amigas, algumas bem mais jovens que ela, mas todas muito encantadas com seu jeito tranquilo, com seu riso baixo e cheio, com seus presentes delicados para bebês e comadres, e com seu casamento feliz com um escritor genial. Tudo isso encantava e tudo isso fazia-me sentir uma certa inveja, como já confessei.

Chegáramos ao Brasil com situações parecidas. Ambas envergonhadas, ambas assustadas. Hoje, eu era uma viúva que passara por momentos difíceis no Sul. Meu marido me levara para lá, mas todos sabiam que tinha uma china (maneira gaúcha de chamar uma amásia), mistura de índio com espanhol (que lá são chamados de bugres), como é comum naqueles lados. Uma mulher que vivia perto do rio, em um casebre, lavando roupas e plantando erva-mate e aipim (mandioca), com mãos horríveis e uma cara idem. Com cabelos grossos e negros trançados e amarrados em fios de palha. Descalça. Grávida de meu marido, quando cheguei. Nossa casa ficava perto o bastante para que eu pudesse vê-lo quando ia até ela. Um dia, quando perdi a criança que esperava e quase morri sangrando, avisei-o de que não ficaria mais ali. Queria uma casa em Rio Grande.

Assim foi. Mudei-me com meus filhos para Rio Grande. Às vezes ele ia até lá, mas nunca deixei que me tocasse novamente. Até a noite em que me tomou à força, bêbado e furioso. Ele estava gordo, pesado. Comia como um da terra: carne de carneiro, aipim, abóbora e muita farinha. Bebia cachaça com a china. Um dia, tropeçou em uma raiz de árvore, bateu a cabeça e ali ficou. A geada o matou, mas não deve ter sentido nada. Estava bêbado. Eu tampouco senti.

Com o que o patrão achou por bem me dar, voltei para a capital do então Império e reencontrei Carolina. Feliz. Serena. Trabalhando em costuras, bordados e tricôs que embelezavam as casas em que ela e Machado viviam. Ajudando-o. Frequentando casas nobres. Caminhando pelo Rio de Janeiro de braço com um marido cada vez mais conhecido e respeitado. E ele a amava. Como eu não sentiria inveja? Só se eu fosse ela, Carolina.

Mas agora ela não estava bem, e fiquei triste com isso. Sua irmã Emília sofria do coração e pouco saía de casa. Miguel estava em Lisboa com Joanna, que também estava doente.

Estávamos envelhecendo. Eu também não andava bem, mas resolvemos falar sobre Canudos, sobre as meretrizes mortas misteriosamente no centro da cidade, e sobre notícias de conhecidos. Mais tarde, ao tomar o bonde, lamentei nossa distância, mas sabia que já não havia o que fazer quanto a isso.

[Lumiar,] 28 de março de 1897.
Meu caro Machado,

Recebi a sua carta e o seu telegrama de pêsames – que muito agradeço. Desculpe-me se não fui mais pronto no cumprimento deste dever, mas se soubesse como eu trago esta minha cabeça compadecer-se-ia de mim.

Eu nunca me ocupei do governo de casa, e há dois meses que recaiu sobre mim esse encargo.

[D]e dia forçado a atender a milhares de coisas, às noites na sua grande parte junto ao leito da pobre enferma! – e suposto não lhe faltasse a boa vontade de filhos e netos que a rodeavam, compreende-se bem que a certas devoções ela me preferisse. A casa [,] que é grande [,] esteve sempre cheia de gente, dias houve com 18 a 20 pessoas a mais – fora os criados e criadas que não eram em pequeno número.

[D]esgraçadamente toda a dedicação e carinho dispensados à pobre doente não conseguiram mais do que aliviar-lhe um pouco os sofrimentos. A sentença estava lavrada havia muito e se havia ainda por aqui quem se iludisse, não era eu decerto.

Não sei nada da minha vida. Aqui, nesta casa, não fico decerto, porque é enorme para uma pessoa só – Custar-me-á deixá-la mas não pode deixar de ser.

A Lina retornou para sua casa. A Julieta que está há 40 dias retorna hoje para Braga.

Enquanto Rodrigo e a Isabelinha aqui estiverem, estarei também – depois – não sei. É triste ficar só.

Devo dizer-lhe porém uma coisa – de toda a família aqui – não tinha recebido, depois deste desgraçado acontecimento [,] senão muitas provas de consideração e afeto. Comovem-me às vezes as atenções que me dispensam – e no meio de tudo isto sinto-me só.

Adeus. Um abraço a Carolina do seu amigo

Miguel de Novais.

Os meses têm sido difíceis. Perdemos Joanna – tão longe, em meu Portugal... O pobre Miguel ainda está arrasado. Joanna fez bem em afrontar os filhos, seguindo em frente com o casamento.

Guiomar está com sua pequena nos braços, mas já perdeu a primeira aos dois anos e essa – Maria Eleonora – também é uma criança muito doentinha. Acho que erramos em apoiar o casamento de tio e sobrinha. É doído demais ver o sofrimento que crianças doentes causam a uma casa. Ela está grávida novamente, e temo pelo que virá.

Joanna não conheceu essas bisnetas, filhas de Guiomar, mas tinha por perto as que nasceram e vivem na Europa. Ela foi uma boa amiga quando aqui cheguei, e quando anunciei meu casamento. A despeito da cor de Machadinho, nunca a vi tratá-lo diferentemente. Assim como Eugênia.

A Academia finalmente está formada, com estatuto e membros. O presidente é Machado. Ainda não possui um local próprio, mas este dia vai chegar, e então inauguraremos a sede da Academia Brasileira de Letras.

Sinto muito orgulho de meu marido, mas também temo pela política. Seu cargo no Ministério está por um fio, e ele sabe de fonte segura que o perderá. Será colocado em "disponibilidade" por ordem de Prudente de Morais. Esperamos pelo Diário Oficial *com temor.*

Minha saúde não volta, e a de Machado continua aos percalços. Estamos envelhecendo. Minha sobrinha Sara, tão chega-

da a nós, teve de acompanhar o marido militar à Bahia. Emília também está adoentada, mas tem os outros filhos para ampará-la.

Deus me ajude a ir embora deste mundo somente depois de Machado.

Capítulo 15

Olhos de ressaca

Garnier (o irmão) permitiu que Joaquim Nabuco e Graça Aranha lessem as provas de Dom Casmurro *em Paris. Este último ainda teve a audácia de enviar uma carta para meu marido, brincando com os personagens, como se os tivessem encontrado andando pela Europa.*

Machado não permite a leitura prévia de seus livros a ninguém além de mim e de Garnier. E o francês desobedeceu ao acordo existente. Deixou Nabuco e seu secretário lerem.

Machado caiu de cama. Teve duas crises. Ficou por vários dias muito chateado.

O livro é triste. Não entendo por que Machado só viu traição em Capitu e no amigo de Bento. Às vezes me pergunto se ele ainda acredita em alguma bondade neste mundo.

Miguel escreveu-me uma longa carta. Deve casar-se com uma senhora mais nova do que ele, mas já entrada nos anos e sem filhos. É portuguesa e ficarão por lá, na quinta em que morava com Joanna.

É bom que ele tenha uma companhia para o final da vida. Por fim, ele e Emília têm sido meus irmãos mais chegados. Antes era Faustino, mas Miguel tem sido correto com meu marido, apesar de inicialmente vetar nosso casamento. Já o perdoei há muito, e espero que seja feliz com sua noiva: Rosa Augusta de Paiva Gomes.

•◆•

Como os olhos de Machado estão inflamados novamente, tenho lido jornais, cartas e alguma poesia. Isso me ocupa e evita que pense muito em minha própria saúde.

O Dr. Hilário de Gouveia estuda a transmissão hereditária do câncer. Sabe que este foi o mal que matou minha mãe. Como tenho sintomas intestinais bem parecidos aos dela, também tenho medo de sofrer do mesmo mal. Ele e o Dr. Miguel Couto têm-me tratado.

O Dr. Gouveia tem me dado fortificantes, sal amargo para limpeza interna e algumas gotas para a noite, quando sinto muito medo de morrer e de deixar Machado.

Rezo.

As crianças de Guiomar estão crescendo. Dois meninos saudáveis e sapecas. Uma alegria dolorida, depois da perda de Maria Eleonora. Mais uma menininha se foi.

Rezo por eles.

Eu gosto de catar o mínimo e o escondido. Onde ninguém mete o nariz, aí entra o meu, com a curiosidade estreita e aguda que descobre o encoberto. Daí vem que, enquanto o telégrafo nos dava notícias tão graves como a taxa francesa sobre a falta de filhos e o suicídio do chefe de polícia paraguaio, coisas que entram pelos olhos, eu apertei os meus para ver coisas miúdas, coisas que escapam ao maior número, coisas de míopes. A vantagem dos míopes é enxergar onde as grandes vistas não pegam.

Gazeta de Notícias, Rio de Janeiro,
11 de novembro de 1900.

Estava na Rua do Ouvidor, quase em frente ao Hotel Deroche, quando os vi. Dirigiam-se para algum evento, pois Carolina portava um chapéu grande, como ditava a moda, e vestia um traje em seda grafite que lhe caía muito bem. Magra, levava a mão enluvada presa ao braço de Machado.

Paramos um instante e nos cumprimentamos. Ali ela me pediu que fosse até sua casa no dia de seus anos, que se aproximava. Assenti, dissemos adeus e fomos embora. Machado cumprimentou-me com um sorriso, levando a mão à aba do chapéu. Não disse uma palavra.

No dia marcado, lá estava eu. A mesa estava posta, com uma bela toalha de linho e porcelanas delicadas. Havia somente senhoras e moças: Eugênia, Guiomar, Fanny, as irmãs Adelaide e Emília (essa com sua filha Sara, que estava na cidade), Alcina e Euphrosina Martins Ribeiro, Alice e Lacilina Smith de Vasconcellos, e eu.

O chá foi servido e tudo estava delicioso. A conversa à mesa era alegre, tirando o silêncio e o mau humor notório de Adelaide. Mas Carolina mal serviu-se, e bebeu somente goles de chá. Sara e Guiomar a olhavam, preocupadas. Havia círculos escuros abaixo dos olhos, como se ela não dormisse bem. As moças passavam-lhe pratos com iguarias delicadas, ela se servia e o garfo ia apenas uma vez à boca, com uma pequena porção.

Falamos sobre as peças de teatro que chegariam, sobre a nova Academia Brasileira de Letras, sobre a moda que vinha de Paris. Worth fazia sucesso entre as amigas muito ricas de Carolina, e ela apenas sorria quando lhe contavam detalhes de rendas e sedas aplicadas em vestidos luxuosos.

Logo a tarde se foi, e Machado ia chegando ao portão quando saíamos. Ele vinha pelo bonde das Águas Férreas, e várias de suas crônicas publicadas na *Gazeta* versavam sobre viagens de bonde. Sempre gentil, ainda que sério e circunspecto, ele cumprimentou a todas, beijando de leve a testa de Carolina.

Pensei comigo se ele notava o quanto sua mulher estava abatida, ainda que primorosa e discretamente vestida e penteada. Se ela tinha alguma queixa de saúde ou se escondia-lhe as dores que certamente sentia.

Machado finalmente recuperara o cargo que o governo de Prudente de Morais lhe tomara. Com Rodrigues Alves, ele era novamente diretor de alguma parte do Ministério da Viação. Era um homem ocupado. Escrevia pela manhã, ia para a repartição e cumpria o horário de expediente, que findava no meio da tarde. Dali, todos sabiam que ele e o grupo de intelectuais da cidade encontravam-se na Livraria Garnier ou na redação da *Revista Brasileira*. No final da tarde ele retornava ao Cosme Velho, mas era comum haver jantares, reuniões e saraus. Eu não fazia ideia de até que ponto Carolina conseguia acompanhá-lo.

Pela segunda vez, não gostei do olhar de Carolina. Fui pelo caminho do bonde até a Rua Direita pensando nisso.

Capítulo 16

A dor

❦

 Ontem tive muito medo de morrer. Não como já senti antes, que era o medo de deixar Machado sozinho no mundo. Não. Este era o medo físico e espiritual de partir para o desconhecido.
 O farmacêutico mandou-me sal de azedas, no lugar de sal amargo. Só percebi o erro depois de ingeri-lo. Assim, bebi um sal que se usa em limpeza doméstica.
 Imediatamente comecei a passar muito mal. As criadas acudiram, chamaram Guiomar, esta telefonou para a farmácia, para o Dr. Gomes Netto e para o Dr. Gouveia. Nosso Tiquinho também foi chamado no hospital, onde atendia seus pacientes.
 Machado, ainda em casa, não sabia o que fazer, atarantado. Em meio à minha crise, ele teve uma crise de ausência, como vem acontecendo já há algum tempo.
 O farmacêutico e os médicos me fizeram vomitar, mas a dor era muito forte. Medicaram-me. Fui para o leito e tive as melhores enfermeiras: Fanny e Guiomar, minhas jovens amigas queridas. Mais tarde chegou Eugênia.
 Sigo acamada. As dores continuam, e estou muito enfraquecida. Mal consigo ficar de pé.
 Tive medo. Ainda tenho.
 Os médicos, ao pé do leito, disseram-me que tenho um tumor nos intestinos. Aquela doença. Existe a possibilidade de fa-

zer-se uma cirurgia, mas o risco é muito sério, já que sigo cada dia mais anêmica.

Agora, a urgência é o envenenamento. Parece que expeli o que pude, mas alguma coisa ficou. Sal de azedas.

Pedi-lhes que não falem a Machado, mas sei que ele foi informado. Minhas amigas também. Ninguém fala, mas sei que sabem.

Emília faleceu há um mês. Coração.

Preciso preparar-me. E preparar a casa para Machado.

•◆•

Rio de Janeiro, 30 de março de 1904.
Minha querida amiga Ana,

Como estás? Vem visitar-me, pois agora estou sempre em casa. Voltamos de Petrópolis e Friburgo, onde tivemos uma estada com bom tempo. Minha anemia, infelizmente, não mudou grande coisa, mas Machado se mostra um pouco mais descansado. Isso o ajuda a ter menos crises, como sabes, e a vencer todo o trabalho a que se dedica.

Tenho tido muito tempo para pensar desde o envenenamento. O resultado disso é que estou tomando providências post mortem. Posso ir-me antes de meu marido – o que me assusta –, e por isso tenho de ser forte.

Machado, como sabes, não tem ninguém além de mim e de minha família. Desses, Emília faleceu, e Miguel nunca voltará ao Brasil. Está muito bem estabelecido em Portugal e diz-se velho demais para a travessia. Adelaide não conta.

Minha sobrinha Sara tem sido a filha que não tivemos. É incansável e querida como sempre foi, mas tem seu marido e filhos. Conto também com as boas criadas, Josefa e Santa, a quem ensinei as lidas de casa do nosso jeito; principalmente do jeito de Machado. Elas cuidarão dele da maneira que aprenderam, estou *certa. Também contamos com Eugênia e Rodolpho, e com Guiomar e Frederico. Além deles, também Fanny e seu marido, estou certa, farão companhia a meu viúvo quando eu me for.*

Finalmente, cheguei a ti. A amiga que me acompanhou rumo ao desconhecido, em um momento de infortúnio mútuo. A comadre que teve seus gêmeos em uma noite de terrível trovoada.

Sei que não posso te pedir que cuides de Machado. Mas sei que posso pedir-te outras coisas. Então, quando eu me for, peço-te que queimes toda e qualquer correspondência que tenhamos trocado, bem como o teu diário de viagem, o qual lembro bem de ver-te escrevendo, no paquete.

Não desejo que minhas palavras ou ações fiquem registradas para o depois. Talvez Machado fique ainda mais famoso, e talvez alguém tenha muita curiosidade sobre nossa vida em comum. Ele já prometeu-me queimar todas as cartas que trocamos, e tu sabes que foram muitas.

Peço-te desculpas pelo pedido, e reitero o convite para que venhas ver-me. Gostaria de abraçar-te.

*Fica com Deus e vem logo visitar essa tua amiga sincera
Carolina.*

É claro que fui visitá-la assim que pude. E é claro que não queimei nada. Talvez queime depois, mas não agora.

Carolina estava muito doente. Quieta, com a voz mais inaudível do que nunca, sem forças físicas. Parecia estar viva somente nos olhos. Escuros e inteligentes, como sempre, agora eles denotavam a tristeza muda de quem sabia ter pouco a fazer na situação que atravessava.

Minha amiga estava magra ao ponto da quase transparência da pele sobre os ossos. Os cabelos haviam agrisalhado totalmente. Os dedos das mãos, antes sempre ocupados com alguma agulha, agora estavam frouxos. Acho que ela não teria forças para usá-los.

Fiquei mortificada com sua piora em tão pouco tempo. Eu a vira dois meses antes. Até então, se falava em uma anemia, mas para mim era certo que ela estava padecendo de algo mais grave. Aquela doença. E que piorara com aquele envenenamento por sal de azedas.

Ela estava acamada. Disse-me que quando se sentia melhor era levada para a sala, onde sentava-se em uma cadeira dupla, que ganhara de Guiomar, na qual ela e Machado ficavam de frente um para outro, conversando confortavelmente. Naquela tarde, entretanto, ela estava cansada e preferia o leito.

Conversamos um pouco. Ela me perguntou, sucintamente, se eu atenderia a seu pedido de queimar nossa correspondência e meu diário de viagem. Eu lhe respondi que sim.

É verdade. Não lhe menti. Só não disse quando.

Capítulo 17

O fim

Rio de Janeiro, 20 de novembro de 1904

Meu caro Nabuco,

Tão longe, em outro meio, chegou-lhe a notícia da minha grande desgraça, e você expressou logo a sua simpatia por um telegrama. A única palavra com que lhe agradeci é a mesma que ora lhe mando, não sabendo outra que possa dizer tudo o que sinto e me acabrunha. Foi-se a melhor parte da minha vida, e aqui estou só no mundo. Note que a solidão não me é enfadonha, antes me é grata, porque é um modo de viver com ela, ouvi-la, assistir aos mil cuidados que essa companheira de 35 anos de casados tinha comigo; mas não há imaginação que não acorde, e a vigília aumenta a falta da pessoa amada.

Éramos velhos, e eu contava morrer antes dela, o que seria um grande favor; primeiro porque não acharia a ninguém que melhor me ajudasse a morrer; segundo, porque ela deixa alguns parentes que a consolariam das saudades, e eu não tenho nenhum. Os meus são os amigos, e verdadeiramente são os melhores; mas a vida os dispersa, no espaço, nas preocupações do espírito e na própria carreira que a cada um cabe. Aqui me fico, por ora na mesma casa, no mesmo aposento, com os mesmos adornos seus. Tudo me lembra a minha meiga Carolina. Como estou à beira do eterno aposento, não gastarei muito tempo em recordá-la. Irei vê--la, ela me esperará.

Não posso, meu caro amigo, responder agora à sua carta de 8 de outubro; recebi-a dias depois do falecimento de minha mulher, e você compreende que apenas posso falar deste fundo golpe.

Até outra e breve; então lhe direi o que convém ao assunto daquela carta, que, pelo afeto e sinceridade, chegou à hora dos melhores remédios. Aceite este abraço do triste amigo velho

Machado de Assis.

Carolina morreu ao meio-dia de 20 de outubro de 1904. Suas últimas palavras foram: *"Machado... Como isso custa!"*. Ele estava no quarto naquele momento, assim como Guiomar e Fanny, que fecharam os olhos da amiga que amavam.

Eugênia, a Baronesa, havia descido há pouco. Adelaide estava em alguma parte da casa; eu, na sala com outras vizinhas e amigas. Sara, a sobrinha querida, tinha ido à missa, pois fazia um ano da morte de sua mãe Emília. O Dr. Gomes Netto chegou logo em seguida, pois estava atendendo a outro paciente grave naquele dia. Ouvimos o choro das moças e subimos. Machado estava parado, estático. De repente, virou-se para Armando, o marido de Fanny, e disse:

– Sente-me naquela cadeira... Sinto que vou cair. – Armando apressou-se e alguém lhe estendeu um copo d'água, como Carolina tantas vezes fizera. Às vezes a crise passava assim, e foi o que ocorreu naquela.

Passado o primeiro momento de consternação, fomos todos para a sala, aguardar que as amigas e Sara cuidassem do corpo para a encomendação. Eugênia, Guiomar, Fanny e Sara lavaram e vestiram Carolina, enquanto Machado continuava sentado em um canto do quarto, parecendo alheio. Não chorou naquele momento.

Machado seguira atribuindo a doença de Carolina à anemia. O médico já tentara fazê-lo entender que ela padecia de um câncer de intestino, mas todos achamos que ele simplesmente não acreditava. Mesmo vendo-a envelhecer anos em poucos meses, ele não acreditava em nada além de uma anemia.

Eles já possuíam um lugar no cemitério. Como não tinham filhos, compraram um jazigo perpétuo no S. João Batista. Machado escreveu um testamento estabelecendo que os enterrassem ali.

Velamos Carolina na casa da Baronesa Eugênia, filha dos São Mamede. Um círculo se formara no tempo. A família que trouxera Faustino agora enterrava a mais nova dos Novais.

O cortejo seguiu ao cemitério. Foi muito triste ver o quanto as moças choravam sua morte. Machado não falava. Não respondia. Fixara o olhar no corpo, depois no caixão fechado, e mais além, ao baixar a sepultura, na terra que aos poucos cobria tudo. Fui para casa depois do enterro. Sara e o marido ficariam com ele naquela noite.

Na volta para casa, Sara contou-me que ele teve uma crise de choro terrível, ao ver a sala vazia. Chorou muito, deixando-os sem saber o que fazer. Inconsolável, soluçando, teve de ser medicado.

Nos dias subsequentes, as criadas corriam a chamar vizinhas e médicos. Machado tinha uma crise epilética atrás da outra, ou então os momentos de alheamento – crises de ausência –, e sua boca, castigada pelas feridas das mordidas, piorava a cada dia. Os intestinos também pioraram. O remédio, como sempre, agredia as mucosas.

Ele ordenou que as criadas, ao servirem a mesa, pusessem os talheres de Carolina no lugar de sempre. A cesta de costura, parada há tempos, ficou onde estava, com um trabalho inacabado. O travesseiro, com a marca de sua cabeça, ficou exatamente como estava. Roupas. Escovas de cabelo no toucador. Nada podia ser mexido.

Em 25 de novembro, pouco mais de um mês após a morte de Carolina, Miguel faleceu em Lisboa. A chegada do telegrama surpreendeu os aparentados, mas Machado falou, simplesmente, que mais um amigo se ia. O pior era não tê-la.

A abertura do testamento de Miguel, em Portugal, destinando uma parte de seus bens para as irmãs Emília e Carolina – ambas já falecidas –, com a ressalva de que Carolina amparasse Adelaide, foi considerado pelas moças e senhoras como mais uma piada do sempre irreverente Miguel de Novais.

Adelaide sobreviveu a todos eles. Às vezes isso acontece.

Lumiar, 18 de abril de 1903.

Até que chegou a hora do meu testamento.

Declaro ser católico, em cuja religião tenho vivido até os 73 anos de idade, ter nascido na cidade do Porto e ser filho de Antonio Luiz Novaes e Custódia Emília Xavier, fui casado em 1876 com D. Joanna Maria Ferreira Felício, viúva do Conde de S. Mamede, sendo hoje falecida, tendo eu testador sido usufrutuário da terça de seus bens.

Contraí segundas núpcias com D. Rosa Augusta de Paiva Gomes, e que é à data deste testamento minha legítima mulher e não existe nem dum ou doutro consórcio filho algum.

Os meus bens são:

A casa e a quinta das Calvanas, no Lumiar, em que habito, e tudo quanto nela se encontra: réis 38:000$000 nominais de inscrições de dívida interna, 5 ou 6 ações da Companhia do Açúcar de Moçambique, do valor de 50$000 réis cada, ações que me custaram, em número de 60, 600$000 réis, e o juro que recebi desde a sua organização até hoje (quantos anos!) foi o de me reduziram o capital à metade, ficando as 60 ações de réis 10$000 por 6 de 50$000 (nominais) — e já é favor.

Mais alguns papeis tem de companhias idênticas, que não valem 10 réis.

O valor destes papeis, com algum dinheiro que existe em depósito em mão de J. H. Totta ou no Montepio Geral, poderá calcular-se em 20:000$000 réis; e o valor da propriedade da quinta das Calvanas, com o que encerrar-se em si, pelo preço de 30:000$000 réis.

As cousas estão assim em abril de 1903, época em que faço o meu testamento.

Ora, na ocasião de minha partida para o outro mundo, pode ter mudado tudo de feição para melhor ou para pior.

No primeiro caso, em benefício dos meus herdeiros, no segundo em seu prejuízo; em todo o caso não têm remédio senão conformarem-se com a sorte.

Declaro que por diversas vezes minha esposa me recomendou que não quer ser minha herdeira, satisfazendo-se com alguma lembrança que porventura queira lhe deixar.

Declaro mais que a casa que costumo habitar no inverno na Avenida da Liberdade, isto é, o seu conteúdo, pertence a minha esposa, assim como as pratas que se encontrarem com a firma dela também lhe pertencem.

Ao visconde de Carcavello deixo um relógio em forma de lira e suas jarras de Saxe.

Deixo um quadro — Guacho — de Cerdo Bossolli ao governo, a fim de ser colocado no Museu de Belas Artes, às Janelas Verdes.

Minha esposa, que será a testamenteira, poderá preservar para si alguns dos objetos no mesmo testamento mencionado.

(...)

À minha afilhada Lina filha de meu sobrinho Arnaldo Braga, residente no Porto, a meu afilhado Francisco de Campos, filho do visconde de Carcavelos, residente em Braga, a Nuno de Campos filho do mesmo visconde 1:000$000 réis a cada um e a este último por nome Nuno deixo as obras de Camilo Castelo Branco.

Deixo a meu afilhado Jayme, filho do barão de Vasconcellos, residente no Rio de Janeiro; a meu afilhado, filho de D. Sara Braga; ao meu afilhado Alfredo Felício, filho do conde de S. Mamede 1:000$000 a cada um.

À minha comadre e amiga a condessa de S. Mamede 1:000$000 réis, para comprar umas lunetas. (...)

As vinhas legadas aos afilhados e pessoas de amizade importam, segundo o cálculo, em 15:000$000 e o resto será, segundo também calculo, de 35 ou 36 contos de réis, que serão divididos em partes iguais e entregue metade à minha irmã Emília, viúva de Arthur Braga, e a outra metade à minha irmã Carolina, casada com J. M. Machado de Assis, ficando porém esta obrigada a dar à irmã Adelaide enquanto viva o necessário para uma vida modesta e decente.

Desejo ser enterrado depois de morto, já se vê, ao lado do jazigo n. 10, no cemitério do Lumiar.

(...)

A campa deve ter a seguinte inscrição: — "Aqui jaz Miguel de Novais. Nasceu no Porto em 11-6-29 e morreu..." o resto é com os testamenteiros.

Peço à minha esposa que não me mande para o cemitério sem terem passado pelo menos 24 horas. Não confio muito no que dizem os médicos. Não, que isso de enterrar gente viva não é negócio de brincadeira.

Não quero luxos; apenas um carro funerário puxado por 1 ou 2 burros de 4 pés cada um; nada de acompanhamentos, nem tochas, nem flores nem cordas, nada de decorações como as que se fizeram pela chegada do rei Eduardo — ainda que minha morte se dê pelo carnaval. Não quero habilitar-me a ganhar o prêmio. Para acompanhar basta-me o amigo reverendo, prior do Lumiar, Francisco de Paula da Fonseca Neves, que depois do enterro rezará uma missa pela alma deste testador, recebendo por este serviço piedoso 50$000 réis e outros 50$000 réis para distribuir pelos pobres da freguesia do Lumiar que não forem bêbados.

Declaro não ter dívidas de espécie alguma e ponho fim ao meu testamento.

Miguel de Novais.

Final

À CAROLINA

Querida, ao pé do leito derradeiro
Em que descansas dessa longa vida,
Aqui venho e virei, pobre querida,
Trazer-te o coração do companheiro.

Pulsa-lhe aquele afeto verdadeiro
Que, a despeito de toda a humana lida,
Fez a nossa existência apetecida
E num recanto pôs um mundo inteiro.

Trago-te flores, — restos arrancados
Da terra que nos viu passar unidos
E ora mortos nos deixa e separados.

Que eu, se tenho nos olhos malferidos
Pensamentos de vida formulados,
São pensamentos idos e vividos.

Relíquias da Casa Velha, 1906.

Rio de Janeiro, 1º de agosto de 1908.

Meu querido Nabuco.

Lá vai o meu Memorial de Aires. Você me dirá o que lhe parece. Insisto em dizer que é o meu último livro; além de fraco e enfermo, vou adiantado em anos, entrei na casa dos setenta, meu querido amigo. Há dois meses estou repousando dos trabalhos da Secretaria, com licença do Ministro, e não sei quando voltarei a eles. Junte a isto a solidão em que vivo. Depois que minha mulher faleceu soube por algumas amigas dela de uma confidência que ela lhes fazia; dizia-lhes que preferia ver-me morrer primeiro por saber a falta que me faria. A realidade foi talvez maior que ela cuidava; a falta é enorme. Tudo isso me abafa e entristece. Acabei. Uma vez que o livro não desagradou, basta como ponto final.

Recebi os seus discursos e felicito-os por todos. O Jornal do Comércio publicou os três. Dei os da Academia à Academia. Já lá temos um princípio de biblioteca, a cargo especial do Mário de Alencar, e eles ficam bem nela arquivados. Obrigado por todos e particularmente pelo que trata do lugar de Camões na literatura. É bom, é indispensável reclamar para a nossa língua o lugar que lhe cabe, e para isso os serviços políticos internacionais que se prestarem não serão menos importantes que os puramente literários. Realmente é triste, ver-nos considerados, como V. nota, em posição subalterna à língua espanhola; Você será assim mais uma vez o embaixador do nosso espírito. Um abraço pelas distinções que aí tem recebido e que são para o nosso Brasil inteiro.

Não é verdade que a nossa gente esquecerá V.; falamos muita vez a seu respeito e recordamos dias passados. Se não lhe escrevem é porque a vida agora é absorvente, com as mudanças da cidade e afluência de estranhos. Tudo se prepara para a Exposição, que abre a 11.

A Academia vai andando; fazemos sessão aos sábados, nem sempre e com poucos. A sua ideia relativamente ao José Carlos

Rodrigues é boa. Falei dela ao Graça e ao Veríssimo, que concordam; mas o Graça pensa que é melhor consultar primeiro o José Carlos; parece-lhe que ele pode não querer; se quiser, parece fácil. Não há vaga, mas quem sabe se não a darei eu?

Releve-me estas ideias fúnebres; são próprias do estado e da idade. Peço-lhe que apresente os meus respeitos a Mme. Nabuco e a todos, e receba para si as saudades do velho amigo de sempre

Machado de Assis.

Machado de Assis morreu em casa, cercado por amigos mais próximos, na madrugada do dia 29 de setembro de 1908. Além das crises cada vez mais frequentes de epilepsia, sofria de aterosclerose (a provável causa do problema oftálmico), e de câncer na boca. Este último começara com as feridas não cicatrizadas que ocorriam após as crises epiléticas, quando ele mordia a mucosa. Somando-se a tudo isso, havia o problema gástrico. Ele estava de licença no Ministério desde 1º de junho.

Pouco antes, publicou seu último livro: *Memorial de Aires* (M. A.: iniciais de Machado de Assis). Aguiar e Carmo eram, claramente, ele e Carolina: *"Queriam-se, sempre se quiseram muito, apesar dos ciúmes que tinham um do outro, ou por isso mesmo. (...) Ele via as coisas pelos seus próprios olhos, mas se estes eram ruins ou doentes, quem lhe dava remédio ao mal físico ou moral era ela".*

O novo século, que lhe trouxe o reconhecimento como escritor e que ampliava o sonho de tornar a língua portuguesa e a literatura brasileira tão importantes quanto a francesa ou a espanhola, também levou Carolina. Pouco lhe adiantava uma academia de imortais se ela se fora.

Machado – todos sabiam e ele tampouco escondia – esperava pelo momento de juntar-se ao amor de sua vida. Participava de reuniões e jantares, quando sua saúde cada vez mais frágil permitia-lhe, mas tornou-se ainda mais misantropo, fechando-se em casa.

Um dia, pediu que levassem um caldeirão de ferro ao jardim, onde queimou grande parte de sua correspondência com Carolina. O que ainda guardava ficava na mesa de cabeceira chaveada.

Eram pedaços do véu do casamento. A grinalda e o pequeno buquê. Os sapatinhos de cetim usados pela noiva, tantas décadas antes. As cartas mais preciosas. Algumas joias, que ele distribuiu entre as filhas de Emília, as vizinhas e Adelaide.

Quando já estava muito mal, pediu a Guiomar, a sempre querida vizinha e neta de Joanna, que levasse todo o conteúdo do móvel e o queimasse, tal como Carolina deixara claro ser o seu desejo.

Machado fez um novo testamento, legando o pouco que possuía no banco, seus livros, móveis e tudo o que formava a casa do Cosme Velho a Laura, uma das filhas de Sara.

As últimas palavras de Machado, castigado pela dor física, foram *"a vida é boa"*.

Participei do cortejo que o levou ao cemitério, finalmente a sós com Carolina. Machado foi saudado como um chefe de Estado. Era um homem quieto, cada vez mais taciturno, doente, gago, epilético e mestiço, mas foi o amor de minha amiga, e ela o seu.

Nada mais me teria causado a inveja que já vos confessei.

O amor. A riqueza dos detalhes. O *"e num recanto pôs um mundo inteiro"*.

Machado de Assis se foi aos sessenta e nove anos, em um dia de São Miguel.

Eu o amava.

Bibliografia

ASSIS, Machado de. *Obra completa em quatro volumes*. Rio de Janeiro: Nova Aguilar, 2008.

_____. *Casa Velha*. São Paulo: C.T. Editora, s/d.

_____. *50 contos de Machado de Assis*; seleção, introdução e notas de John Gledson. São Paulo: Companhia das Letras, 2007.

CORDEIRO, Francisca de Basto. *Machado de Assis que eu vi*. Rio de Janeiro, Livraria São José, 1961.

_____. *Machado de Assis na intimidade*. Rio de Janeiro, Editora Pongetti, 1965, 2ª ed.

ECHEVERRIA, Regina. *A história da Princesa Isabel:* amor, liberdade e exílio. Uma biografia. São Paulo, Versal, 2014.

EULALIO, Alexandre. *Em torno de uma carta de Machado de Assis*. Novos Estudos CEBRAP, 23, março de 1989, pp. 189-195.

FONSECA, Godin da. *Machado de Assis e o hipopótamo:* uma revolução biográfica. São Paulo: Fulgor, 1961, 5ª ed.

GUIMARÃES, C. G. *O Estado Imperial brasileiro e os bancos estrangeiros:* o caso do London and Brazilian Bank (1862-1871). Anais do XXVI Simpósio Nacional de História – ANPUH. São Paulo, julho de 2011.

GUIMARÃES, H. de S. *Um testamento à Brás Cubas*. Disponível em: http://machadodeassis.ffch.usp.br. Acesso em: 08/03/2017.

NAPOLEÃO, Arthur. *Memórias*. Texto datilografado, 1907. Disponível em: http://www.encontro2010.rj.anpuh.org. Acesso em: 13/06/2019.

NOVAIS, Faustino Xavier de. *A vespa do Parnaso.* Porto: Tipografia J. A. de Freitas Júnior, 1854. Disponível em: https://www.literaturabrasileira.ufsc.br/documentos/?id=221710. Acesso em 26/05/2020.

PEREIRA, Lúcia Miguel. *Machado de Assis:* estudo crítico e biográfico. São Paulo: Editora da Universidade de São Paulo, 1988, 6ª ed.

SANTIAGO, Salviano. *Machado:* romance. São Paulo: Companhia das Letras, 2016.

Sítios eletrônicos

http://machadodeassis.org.br

http://www.academia.org.br

http://academia.org.br/publicacoes/correspondencia-de-machado-de-assis-tomo-iii-1890-1900

http://bndigital.bn.gov.br/hemeroteca-digital

https://geneall.net/pt

Em tempo

Toda a correspondência entre Machado e Miguel de Novais aqui transcrita faz parte da Coleção Afrânio Peixoto, disponível no sítio eletrônico da Academia Brasileira de Letras. A pesquisa e documentação do material foi coordenada por Sérgio Paulo Rouanet, com organização e comentários de Irene Moutinho e Sílvia Eleutério. São delas todas as marcas entre colchetes e parênteses constantes no texto de Miguel de Novais, na busca de maior clareza na leitura.

As transcrições de cartas e demais textos de Machado de Assis não sofreram qualquer modificação.

O livro de
Carolina

Lib**r**etos

Livro composto com as fontes Adobe Garamond, Corporate Mono, Bookman Oldstile, Book Antiqua, Aldus e Linotype Decorations, com 232 páginas, impresso sobre papel Off Set 90 g/m², pela gráfica Pallotti de Santa Maria/RS (primeira reimpressão), em dezembro de 2023.